KB078992

공부 뇌를 만드는
최적화 공부법
슬로리딩 3SR2E

10대를 위한
교과서
문해력

정형권 지음

성림원북스

10대를 위한 교과서 문해력

ⓒ 정형권, 2024

초판 1쇄 인쇄 2024년 4월 4일
초판 1쇄 발행 2024년 4월 11일

지은이 정형권
펴낸이 이성림
펴낸곳 성림북스

책임편집 노은정
디자인 쏘울기획

출판등록 2014년 9월 3일 제25100-2014-000054호
주소 서울시 은평구 연서로3길 12-8, 502
대표전화 02-356-5762
팩스 02-356-5769
이메일 sunglimonebooks@naver.com

ISBN 979-11—93357-24-8   03370

 머리말

자기 주도적 공부습관 만드는 3SR2E 공부법

학생들이 자기 주도적 공부습관을 가지려면 어떻게 해야 할까? 여러 가지 해법이 있을 수 있겠지만 가장 중요한 한 가지를 꼽으라고 하면 나는 주저하지 않고 '문해력'을 키우는 일이라고 말하고 싶다. 많은 학생을 만나보았는데 심리 문제 등 특별한 경우를 제외하고 대부분 '읽기'가 잘 되지 않아서 공부의 벽을 넘어서지 못하고 있었다. 더 정확하게 말하면 '교과서 읽기 능력'이 부족하여 공부에 흥미를 잃고 학습에서 멀어지게 되는 것이다.

학습 부진의 가장 밑바탕에 '읽기' 문제가 도사리고 있다. 그러므로 읽기를 해결하면 어느 과목이든지 스스로 공부할 힘을 갖추게 된다. 따라서 공부가 어려운 학생일수록 다른 방법을 찾기보다 교과서나 자습서를 여러 번 읽고 이해하는 노력이 필요하다.

그런데 공부가 어려운 학생은 혼자서 교과서를 읽을 힘이 부족하기 때문에 몇 번 시도하다가 포기하는 일이 다반사다. 공부를 잘하고 싶어서 책을 펴보거나 학원 강의 등을 들어보지만 역시 어렵다는 것을 확인하게 되고, 그것이 반복되다 보면 다시는 공부할 엄두를 못 내게 된다. 공부를 잘하려면 의욕도 중요하지만 그것만으로는 충분하지 않다. 공부는 교과서를 중심으로 진행된다. 그러므로 교과서나 자습서를 소화할 수 있는 기본적인 읽기 능력을 갖추는 것은 공부의 대전제라고 할 수 있다.

읽기 능력이 부족한 학생은 독서습관이 부족한 경우가 많다. 초등학교 때부터 꾸준히 독서를 한 학생은 교과서를 어렵지 않게 읽어낼 수 있다. 공부를 해나가는 데 저항을 크게 느끼지 않는 것이다. 하지만 책을 많이 읽지 않은 학생은 교과서를 읽는 데 큰 벽을 느낀다. 그래서 좀처럼 앞으로 나아가기가 힘들다. 책을 많이 읽었더라도 문학 중심으로만 편중해서 읽은 학생도 교과서를 어렵게 느낀다. 교과서는 문학이 아니라 비문학 중심이기 때문이다. 따라서 평소에 책을 자주 접하는 것은 중요하고 권장할 만한 일이지만 학습을 위한 읽기, 즉 비문학 중심의 교과서를 읽기 위해서는 체계적인 훈련이 필요하다.

이 책은 교과서와 자습서를 읽는 데 어려움을 겪는 학생들에게 방법을 제시하고, 체계적인 훈련을 할 수 있도록 기획되었다. 학습 코치를 위한 자기주도학습 관련 도서 출간 후 학생들을 위한 문해력 관련 책을 출간해달라는 요청이 있었다. 특히 책의 내용 중 문해력 훈련 프로그램인 '3SR2E'에 대한 관심과 호응이 매우 높았다. 그래서 자기주도학습의 필수 조건인 '읽기 능력'을 길러주는 '3SR2E'를 학생들이 체계적으로 이해하고 쉽게 실천해볼 수 있도록 구성하였다.

PART 1은 읽기에 대한 이해와 '3SR2E'를 하는 방법, 심화 버전인 '5SR2E'를 소개하고 있다. '3SR2E'는 이론으로 이해하는 것에 머물지 않고 반드시 직접 체험해야 자기 것이 될 수 있다.

PART 2는 '3SR2E'를 실천하여 자기주도학습을 할 수 있게 된 사례들을 소개하였다. 사례 학생들은 읽기 능력 부족으로 공부에 어려움을 겪다 '3SR2E' 공부법을 통해 스스로 공부하는 힘을 찾고 자기만의 방법으로 공부를 할 수 있게 되었다.

PART 3는 교과서 연계 지문을 통해 실제 '3SR2E'를 연습할 수 있도록 실천 노트를 제공하였다. 중학과 고등으로 나뉘어 있는데, 고등학생일지라도 '3SR2E'를 연습하기 위해 중학 내용을 먼저 해본 다음에 고등 통합 사회로 '5SR2E'를 연습하기를 권한다. 중학생은 중학 부분만 연습하고 마무리 지어도 무방하다.

이 책은 문해력을 키우는 '3SR2E'를 습득하는 데 초점을 맞추고 있다. 책의 실천 노트로 연습하고, 교과서나 자습서에도 적용해서 읽기를 해보자. 예습이나 복습에 '3SR2E'를 활용한다면 공부 몰입도와 능률이 향상되는 것을 확인하게 될 것이다. 자기주도학습의 지름길이 멀리 있지 않다. 교과서 제대로 읽기를 통해 자기주도학습에 성큼 다가서 보자. 이 책을 읽는 모든 학생이 자기주도학습의 동반자가 되기를 소망한다.

💡 차례

PART 3. 교과서 문해력 실천 노트

STEP 1. 중학 사회

STEP 2. 중학 세계사

STEP 3. 중학 한국사

PART 1

문해력 학습법과
3SR2E

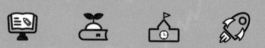

공부법의 비밀을
알게 해준 교과서 읽기

지방 교육지원청에서 학생을 대상으로 '책 쓰기 프로그램'을 진행한 적이 있다. 나는 주제를 따로 제시하지 않고 각자 자신이 쓰고 싶은 이야기를 마음대로 쓰도록 했다. 모두 열심히 자신만의 이야기를 써 내려가기 시작했다. 그런데 한 중학생이 한숨을 쉬며 심각한 표정으로 앉아 있었다.

나는 그 학생에게 다가가 무슨 문제가 있는지 물었다.

그랬더니 "선생님, 전 쓸 게 없어요." 하는 것이다.

그래서 학생과 이런저런 얘기를 나누다가 이렇게 물었다.

"중학교 들어와서 네 공부는 어땠어? 성적은 괜찮아?"

그랬더니 웃으면서 "첫 시험에서 국어 40점 맞았습니다."라고 했다. 국어가 40점이라면 다른 과목은 물어보나 마나일 것 같았다.

다시 "왜 그렇게 성적이 안 좋았어? 이유는 알아냈어?"라고 물었더니

"네, 제가 초등학교 때 책을 많이 안 읽어서 어휘력과 배경지식이 부족해 공부를 못하게 되었어요."라며 자못 진지한 표정을 지었다. 마치 모범 답안을 이미 알고 있다는 듯 여유 있는 답변이었다.

"그렇구나. 그럼 지금은 어때?"

"지금은 잘해요. 얘 우등생이에요."

옆에 있는 친구가 대신 대답했다. 의외의 대답에 호기심이 생겼다.

"그래? 무슨 계기가 있었을 것 같은데?"

"네, 계기가 있었어요. 1학기 기말고사가 끝나고 국어 선생님께서 책을 빌려오라고 하셨어요. 시험도 끝났으니 이제 방학할 때까지 수업 시간에 책을 읽을 계획이라며 다들 도서관에서 책을 빌려오라는 거예요. 그래서 친구들이랑 도서관에 가서 아무 책이나 빌렸어요. 사실 제목도 제대로 안 보고 빌려왔어요. 저는 책 읽는 거 별로 안 좋아하거든요. 그래서 초등학교 때도 책을 별로 안 봤어요. 그런데 아이들과 함께 수업 시간에 책을 보니까 더 집중이 잘 되는 거 같았어요. 《그림자 아이들》이라는 책인데 내용도 재미있고 인상적이었어요. 그래서 수업이 끝났는데도 계속 읽었어요. 쉬는 시간까지 읽다 보니 어느덧 책을 다 읽게 되었어요."

"와우, 대단한데. 그래서 책을 계속 읽게 된 건가?"

"한 권을 다 읽었는데 그 책이 시리즈였던 걸 알게 됐어요. 총 7권

짜리였어요."

"음, 그렇다면 그 사실을 모르고 빌려왔던 모양이군."

"네, 그렇죠. 그런데 1권을 다 보고 나니까 2권 내용이 궁금한 거예요. 그래서 나머지 책도 빌려다 보았어요. 그렇게 방학이 시작될 때까지 모두 다 읽었어요."

"그럼 방학 때는 어떻게 했어? 책을 더 많이 읽은 거야?"

"그게 그렇진 않고요. 방학이라서 책을 좀 더 읽어보려고 했는데 집에 책이 하나도 없는 거예요. '아, 우리 집엔 책이 정말 없구나!' 했죠. 그래서 다른 방법을 찾았어요. 1학기 국어 교과서를 읽기로 했거든요."

"오우, 좋은 선택을 했네. 하지만 교과서 읽기가 쉽지는 않았을 텐데."

"네, 정말 그랬어요. 분명히 1학기 때 배운 내용인데 다 처음 보는 것 같았어요. 내용도 어려워서 동화책 보는 거랑은 완전히 달랐어요. 읽는 속도도 느리고. 15분 정도 읽으면 집중력에 한계가 왔어요. 머리가 아파서 더 읽을 수가 없었어요."

"그럴 땐 어떻게 했어? 머리가 아파서 읽기 힘들 때."

"음, 그럴 땐 멈췄어요. 일단 쉬어야죠. 머리가 아프긴 했지만 책이 재미있기도 했어요. 그래서 놀다가 편안해지면 또 읽고 그랬어요. 그러다 보니 한 번에 읽는 시간이 점점 길어졌어요. 20분 정도 읽으면 머리가 아파지는 거죠. 그러면 또 쉬어요. 그런 식으로 계속 읽다 보니 어느덧 교과서를 다 읽게 되었어요."

"그럼 그렇게 국어 교과서를 다 읽고 나서는 뭘 읽었어?"

"딱히 읽을 만한 책이 없었기 때문에 그냥 국어책을 한 번 더 읽었어요. 한 번 더 읽는데도 재미가 있더라고요. '아, 책은 이렇게 두 번 읽어도 재미가 있는 거구나.'라는 걸 알게 됐죠. 그렇게 읽다 보니 한 번 더 읽게 되고, 또 읽게 되고 결국 8번을 읽게 되었어요."

"그렇게 여러 번 읽으면 기억도 잘 났겠네."

"네, 기억도 잘 나고 이해도 잘 됐어요. 사실 제가 국어는 포기했었거든요. 그런데 2학기부터는 방학 때 했던 방법으로 교과서를 계속 반복해서 읽었어요. 그랬더니 점수가 점점 오르더니 기말고사 때는 90점이 넘었어요. 점점 공부에 대한 자신감도 생겼고 다른 과목도 그렇게 여러 번 읽게 됐습니다. 1학기 때 책을 빌려 봤던 게 정말 중요한 계기가 되었어요."

"음, 그럼 요즘에도 책을 많이 읽겠구나?"

"네, 방학 때면 친척 형이랑 시내 서점에 가서 가방을 가득 채워 책을 사 와요."

학생의 표정은 자신감으로 가득 차 있었다.

"쓸 게 없다고 하더니 좋은 사례가 있었구나. 방금 얘기한 걸 한 번 글로 써봐. 다른 친구들한테도 도움 되는 내용일 거야."라고 말하며 어서 써보라고 했다.

얼마 후 가져온 글은 이렇게 끝맺고 있었다.

"내 겨울방학을 한마디로 표현한다면 '독서'라 해도 과언이 아니었다. 책을 읽으면 읽을수록 문장의 표현과 인물의 말에 점점 빠져들고 결국에는 시간 가는 줄 모르고 기어코 책 한 권을 읽게 된다. 그 덕분인지 2학년 때는 국어를 비롯하여 모든 과목이 90점 이상으로 오르고 수행 평가는 모두 만점을 받았다. 내 인생의 모든 것을 변화시킨 독서, 나는 그것이야말로 모든 것의 출발점이라고 생각한다. (……) 언젠가 모든 것이 나에게 다른 변화를 가져다줄 것으로 믿으며 나는 오늘도 책을 읽는다."

이 사례는 학습이 어려운 학생에게 학습에 재미를 붙이고 스스로 공부하는 방법을 안내해주는 살아 있는 경험담이다. 공부가 어렵고 책 읽는 습관도 부족하다면 동화나 소설처럼 재미를 붙일 수 있는 책으로 시작하는 것도 나쁘지 않다. 교과서를 읽는 데 어려움이 없다면 곧바로 교과서를 읽어보자. 교과서는 한 번으로 끝내지 말고 여러 번 읽어야 한다. 반복하여 읽다 보면 학습에 흥미와 재미를 붙이게 되고 학습 동기가 높아진다.

🧠 문해력 학습법 tips

① 함께 책을 읽거나 공부하는 것은 학습 동기를 올려준다.
② 느끼고 체험하면 공부 의지가 극대화된다.
③ 책을 읽는 것은 공부에 흥미를 일으키고 공부법을 익히는 계기가 된다.

독서와 느끼고
체험하는 공부

프랑스 도심 변두리의 어느 고등학교. 괜찮다는 고등학교에서는 입학을 거절당한 학생들이 모여 있었다. 학생들의 마음속에는 진한 패배주의와 회색빛 허무주의가 짙게 드리우고 있었다. 신학기에 제출하는 자기소개서에는 온통 자신에 대한 부정적인 말들을 배설하듯 적어놓았다. 아마도 학생들은 그렇게 함으로써 학습에 대한 부담과 숱한 의무 사항들로부터 면죄부를 받고 싶은 듯했다. 학생들은 자신을 사랑하지 않는 것 같았다. 학생들은 끊임없이 자유를 갈망하면서도 스스로를 이 세상과 단절시키기 위해 노력했다. 스스로 버림받은 존재라고 믿고 있었다. 이러한 이중적 태도에 갇힌 학생들에게 어떤 도움을 줄 수 있을까?

이들의 선생님인 다니엘 페나크는 학생들에게 책을 읽게 해야겠다고 생각했다. 물론 학생들은 책 읽기를 정말이지 좋아하지 않았다. 책을 읽으라고 하면 학생들은

"책에 모르는 말이 너무 많아요."

"책이 너무 두꺼워요."

"책은 지겨워요."

하면서 책 읽기를 거부했다. 이런 학생들에게 어떻게 책을 읽게 한단 말인가?

페나크는 학생들에게 이렇게 말했다.

"책 읽기 싫은 사람, 손들어봐."

그러자 무수히 많은 손이 교실 가득히 올라오는 것을 볼 수 있었다. 한마디로 만장일치라고 할 만했다. 그런 모습을 보면서 페나크는 다시 말했다.

"좋아, 너희들이 책 읽기가 그렇게 싫다면, 내가 대신 책을 읽어주지."

그러고는 가방에서 엄청나게 두껍고 묵직해 보이는 책을 꺼냈다. 학생들은 '설마 저걸 다 읽겠다는 것은 아니겠지.' 하는 표정으로 선생님을 바라봤다. 예기치 못한 상황에 당황한 기색이 역력했다.

"다들 준비됐겠지?"

'맙소사, 저걸 다 읽으려면 1년도 더 걸릴 것 같은데.' 학생들은 긴장감이 흐르는 표정으로 선생님을 쳐다봤다. 어떤 학생은 필기해야

할지도 모른다는 생각에 노트를 펴고 볼펜을 쥐기도 했다.

"아니, 필기는 안 해도 돼. 그냥 열심히 들으면 되는 거야."

선생님의 목소리가 다시 들렸다.

아이들은 아이들대로 어떤 식으로 들어야 할지 난감했다. 손은 어디 두어야 할지, 고개는 또 어떻게 해야 할지.

"다들 편하게 앉아서 듣도록. 긴장을 풀고 말이야."

그러자 결국 한 학생이 큰소리로 질문을 했다.

"아니, 지금 우리한테 큰 소리로 책을 읽어주시겠다는 겁니까?

"당연하지. 내가 작게 읽으면 너희들이 잘 알아들을 수 있겠니?"

"하지만 우리는 책 읽어줄 나이가 많이 지났는데요?"

"그래? 만약 10분이 지나도 그런 생각이 든다면 손을 들도록 해. 내가 수업 방식을 바꿀 테니까."

"그런데 그거 무슨 책이에요?"

"응, 소설이야."

그러곤 선생님은 책을 읽기 시작했다.

"제1장. 18세기 프랑스에 한 남자가 살고 있었다. 그는 그 시대에 가장 천재적이면서도 가장 혐오스러운 인물 가운데 하나였다. 아무리 그 시절이 혐오스러운 천재들이 지천이었던 시대였다 하더라도 말이다……."

그렇게 페나크는 학생들에게 파트리크 쥐스킨트의 《향수》를 읽어주기 시작했다. 10분이 지났을 때 손을 든 사람은 없었다. 학생들은 점점 이야기 속으로 빠져들었다. 매시간 학생들은 그 전 시간에 읽은 다음 부분부터 듣기 시작했다. 어떤 학생은 잠깐 잠이 들기도 했다. 그러면 깨어났을 때 '에이, 잠들어 버렸잖아!'라고 후회하면서 자기가 듣지 못한 부분에 대해 질문을 했다. 확실히 학생들은 소설에 깊이 빠진 것 같았다.

그리고 이것저것 질문을 하기 시작했다.

"선생님, 그런데 쥐스킨트가 누구예요? 아직 살아 있어요?"

"《향수》는 원래 프랑스어로 쓰인 책인가요?"

그리고 몇 주가 지나자 예상치 못한 질문이 들어왔다.

"선생님, 《예고된 죽음의 연대기》 정말 재미있었어요. 그런데 《백년 동안의 고독》은 무슨 내용이에요?"

"선생님, 팡트 있잖아요, 팡트! 《나의 멍청한 개》, 그 책 좀 골 때리는 것 같아요. 되게 웃겨요!"

어떤 학생은 더 나아가 자기가 읽은 작품에 대해 비평을 하기도 했다. 단지 학생들에게 책을 읽어주기만 했을 뿐인데 그들은 거기서 더 나아가 다른 책을 읽었고, 그렇게 함으로써 자신의 배고픔을 채웠다. 소설 읽기를 하기 전까지 학생들은 자신이 굶주리고 있다는 사실을 알지 못했다. 하지만 이제는 적극적으로 다른 책을 찾아 읽음으로써 허기를 채워나갔다.

페나크의 책 읽기 수업은 끝까지 진행되기 어려웠다.

"선생님이 읽어주셔서 정말 도움이 많이 됐어요. 하지만 나중에 저혼자 읽는 것도 괜찮을 것 같아요."

이로써 페나크의 목적은 완성되었다. 학생들은 책의 뒷부분을 스스로 찾아서 읽을 것이기 때문이다. 이 수업을 통해 학생들에게 찾아온 변화는 또 있다. 그들은 자기가 읽은 책에서 좋아하는 구절을 외워서 서로에게 얘기해주곤 했다. 공부할 때는 그렇게 외우는 걸 싫어하더니 저절로 암기하게 된 것이다.

학생들은 책을 읽으면서 공부 방법을 하나둘씩 익혀가고 있었다. 앞에서 언급한 '책 쓰기 프로그램'에 참여했던 중학생의 경우와 유사하다. 그는 국어 시간에 동화책 읽기를 통해 독서에 관심을 두게 되고, 교과서 읽기로 이어져 반복해서 읽는 습관을 배울 수 있게 됐다. 공부를 잘하는 방법이 멀리 있는 것이 아니라 '읽기'에 있음을 기억해야 한다. 잘 읽을 수 있으면 공부를 잘할 수 있게 된다. 공부가 조금 어려운 학생은 교과서 읽기에 도전하고, 많이 어려운 학생은 흥미 있는 분야의 책부터 읽어보자.

🧠 **문해력 학습법 tips** ▶

① 책 낭독을 듣는 것만으로도 학습 능력이 개발된다.

② 느끼고 체험하면 내면에서 변화가 일어난다.

③ 책을 자주 읽으면 공부 방법을 배울 수 있다.

자기주도학습의
확실한 방법

공부를 잘하려면 어떻게 해야 하느냐는 질문을 많이 받는다. 공부를 잘하기 위해서는 여러 가지 요소들이 골고루 갖춰져야 한다. 그런데 가장 기본이 되는 전제 조건이 있다. 공부 잘하는 학생의 공통적인 습관이 있는데, 그것은 바로 책 읽기를 좋아한다는 것이다. 독서를 즐기다 보니 교과서나 자습서의 내용을 잘 흡수하고 이해를 잘하게 된다. 또 배경지식이 풍부해서 수업과 수업, 교과와 교과를 잘 연결하여 생각할 수 있다.

공부가 어려운 학생들은 교과서도 잘 이해하지 못해 끙끙댄다. 아무리 수업 방식을 토론식으로 바꾸고 잘된 인터넷 강의를 들어도 교과서 읽기가 밑바탕이 되지 않으면 그런 것들도 별로 소용이 없다. 따라서 풍부하고 다양한 독서는 자기 주도적 공부습관을 자연스럽게 익힐 수 있는 가장 쉽고 확실한 방법이다.

모르는 낱말이 너무 많아요

중학교 1학년 민수는 책상 앞에 앉아 열심히 국어 문제집을 풀고 있었다. 며칠 전 어머니께서 시험 대비용 문제집을 사주셨고, 민수는 내일 있을 국어 시험에 대비하여 문제를 푸는 중이다. 그런데 민수는 내내 곤혹스러운 표정으로 끙끙거리더니, 나에게 도움을 요청했다.

"선생님, 민요풍 이게 무슨 말이죠?"

"선생님, 참회 이건 또 무슨 뜻이죠?"

"선생님, 직유는 뭘 말하는 거죠? 무슨 말인지 알아야 문제를 풀죠……. 휴~."

가까이 가서 문제집을 들여다보니 모두 같은 문제에 있는 어휘들이었다.

'한 문제에서도 모르는 낱말이 이렇게 많은데, 어떻게 문제를 풀 수 있겠는가?' 당장 내일이 시험인데 문제도 이해하지 못하고 있으니 여간 걱정이 되는 것이 아니었다. 민수의 독해 능력이 이렇게 처참한 이유는 평소에 책을 거의 읽지 않기 때문이다.

이런 문제는 수학 문제를 풀면서도 여지없이 드러났다. 민수는 문제 자체를 이해하지 못해서 무척 답답해했다. 제법 난도가 높은 문제는 문제가 무엇을 요구하는지 정확히 아는 것이 중요한데, 독해 능력이 없으면 수학적 지능이 발달했다 하더라도 난도 높은 문제 앞에서는 주저앉고 만다.

민수 어머니에게 이런 현실을 알려주고 당장 성적 향상보다는 읽기 능력을 높여주어야 한다고 제안했다. 다행히 민수 어머니도 그 부분에 대해 공감하고 민수의 읽기 능력을 키우는 데 함께 노력하기로 했다.

그 후 나는 매번 코칭을 할 때마다 재미있고 학습에 도움이 될 만한 책을 가져가서 다음 시간까지 읽어오는 과제를 내주었다. 수업하러 갈 때면 "오늘은 무슨 책 가져오셨어요?"라고 반기는 민수는 조금씩 읽기에 재미를 붙여갔다. 그리고 차츰 읽기 능력이 향상되는 걸 볼 수 있었다.

독서로 다져진 학생

"선생님, 저 이번 시험에 평균 10점 이상 올랐어요."

묻지도 않았는데 현규는 목소리를 높였다.

"그래, 정말 잘 됐다. 그동안 노력한 결과가 나왔구나."

"네, 이번에는 정말 공부를 많이 했어요. 그런데 국어 점수가 떨어졌어요."

"너 국어 잘하잖아."

"1학기엔 선생님이 하라는 대로 평소에도 학교 진도에 맞춰서 교과서와 자습서를 자세히 읽으면서 공부했고 시험 때는 문제 풀이를 했었거든요. 그런데 이번에는 그렇게 하지 못했어요."

현규는 1학기에 국어 점수가 높게 나와 국어에 자신감이 있었다. 자신감이 지나쳐 국어에 소홀했던 것이다.

"그럼 다음엔 어떻게 해야 할까?"

"평소에 꾸준하게 해줘야겠어요."

"영어는 어땠어?"

"선생님께서 교과서를 천천히 여러 번 읽으라고 하셨잖아요. 여러 번 읽으니까 거의 암기할 정도가 됐는데, 그랬더니 도움이 많이 됐어요."

현규는 2학기 들어서 공부 방법에 몇 가지 변화를 주었다. 영어는 교과서를 천천히 이해하면서 여러 번 읽었더니 저절로 외워지는 정도까지 가게 됐다. 수학은 문제가 안 풀려도 답을 보지 않고 오랫동안 생각하면서 풀었다. 사회와 과학은 학교 진도에 맞춰 자습서를 여러 번 읽으며 복습을 하고 문제 풀이를 병행하였다.

현규는 학원을 한 번도 다닌 적이 없지만 책을 좋아해서 시험 전날까지도 책을 읽는다. 책을 읽는 습관은 현규에게 공부에 집중할 수 있는 든든한 힘이 되었다. 독서량이 많은 학생은 코칭하기가 수월하다. 하지만 독서습관이 없는 학생들은 챙겨야 할 부분이 훨씬 많아진다. 기초 체력이 튼튼해야 운동을 잘할 수 있듯이, 공부도 기초 체력이 중요하다. 독서는 공부의 기초 체력을 다지는 데 가장 좋은 방법이다. 독서로 다져진 학생들은 시간이 지날수록 공부 저력을 발휘하게 된다.

"아는 만큼 보인다"는 말이 있다. 같은 글을 읽고도 배경지식이 풍부한 사람들은 배경지식이 빈약한 사람들보다 훨씬 많은 것을 느끼고 볼 수 있다. 똑같은 뉴스를 보면서도 거기에서 유추하고 생각해내는 것들이 사람마다 다르고 차이가 있다. 그것은 각자의 내면에 존재하는 지식과 경험을 통해 쌓인 학습의 정도가 다르기 때문이다.

많은 경험과 고난을 겪고 성취를 이뤄내거나 많은 책을 읽고 생각을 깊게 하면 내면의 힘이 확장된다. 즉, 내공이 깊어지는 것이다. 이렇게 내공이 깊어지면 문제해결 능력이나 자기주도학습 능력이 좋아진다. 따라서 내면의 지식 확장을 위해서 독서력을 키우는 것은 매우 중요하다.

문해력 학습법 tips

① 독해 능력이 약한 학생은 읽기 능력을 높이는 공부부터 시작한다.

② 독서로 다져진 학생들은 시간이 지날수록 공부 저력을 발휘한다.

③ 풍부하고 다양한 독서는 자기 주도적 공부습관을 자연스럽게 익힐 수 있는 확실한 방법이다.

학습 능력을 발전시키는
지름길

공부의 핵심은 '읽기'

　학년이 올라갈수록 독서 능력이 바탕이 되어 배경지식이 풍부하고, 지식과 지식을 연결하여 추론하고, 다양한 사고를 하도록 훈련된 학생이 공부도 잘한다. 그렇기 때문에 학습 능력을 발전시키는 지름길은 독서 능력을 키워주는 것이다. 따라서 공부가 어려운 학생들은 마음을 급하게 먹지 말고 기초로 돌아가 책 읽는 습관과 올바른 읽기 방법을 익히는 것부터 시작해야 한다.

　공부의 핵심은 '읽기'에 있다. 수학, 영어, 사회, 과학 어떤 과목이

든 교과서의 내용을 확실히 이해하는 것이 공부의 핵심이다. 학습할 수 있는 기초 체력은 바로 책 읽기를 통해 형성된다. 읽고 이해할 수 있는 힘만 있다면 학습 능력의 반은 갖춘 것이나 마찬가지다.

글자를 안다고 해서 독해 능력이 있는 것은 아니다. 누구나 글자를 읽을 수 있지만 독해, 즉 글을 이해하는 능력은 개인마다 다르다. '영상 세대'로 불리며 독서량이 절대적으로 부족한 요즘 학생들은 독해력에 심각한 결함을 보이는 경우가 많다.

학습 부진의 주된 원인은 읽기 능력 부족에 있다. 그러니 이런 학생들은 지금부터라도 하루에 조금씩 책을 읽으며 부족한 독서량을 채우는 훈련이 필요하다. 그리고 교과서나 자습서를 읽을 때도 천천히 여러 번 읽으며 충분히 이해하고 넘어가는 습관을 길러야 한다.

재미있는 장르

학교에서 가출 때문에 상담을 받고 있던 중학교 2학년 중환이를 만난 건 어느 해 여름이었다. 중환이는 당시 성적이 최하위권이었고, 흔히 말하는 문제아였다. 학교에서도 각별히 주의하는 인물이었고, 부모님도 "제발 학교만 졸업해라."라고 애원할 정도였다.

중환이는 첫 만남부터 다소 도발적인 자세로 나왔다. 중환이가 나에게 던진 첫 마디는 "저는 공부 안 해요. 재미없어요. 저 공부시키려거든 그냥 가시는 게 좋을 거예요."였다.

나는 웃으면서 "너, 공부하려고 했어? 넌 아직 준비가 안 돼서 공부할 단계가 아닌 것 같은데? 공부 안 할 거니까 나중에라도 공부하고 싶으면 그때 얘기해."

그러고 나서 말을 이었다.

"야, 너 싸움 좀 한다면서? 커서도 계속할 거냐? 선생님도 학교 다닐 때 싸움 좀 했는데 지금은 싸움 같은 거 안 해. 선생님이 너한테 뭔가 도움을 줄 수 있을 것 같은데 우리 앞으로 잘해보자."

중환이와의 코칭은 이렇게 시작되었다. 중환이의 문해력 수준은 엉망이었다. 대화할 때 사용하는 어휘도 초등생 수준이고, 4학년 동생보다도 수준이 더 낮은 상황이었다. 딱히 수업 시간에 할 수 있는 게 없었다. 그런데 중환이는 만화 읽는 것은 좋아했다. 그래서 선택한 것이 만화 읽기였다. 우리는 매번 만날 때마다 만화를 읽었다. 내가 하는 일은 중환이의 수준에 맞는 좋은 만화를 구해오는 것이었고, 중환이는 그 시간에 즐겁게 만화를 읽었다. 나는 중환이가 보고 나면 그 책을 받아서 읽었다. 중환이가 읽어야 내가 읽을 수 있었기 때문에 중환이는 더 열심히 읽었다. 그렇게 읽은 만화책이 점점 쌓여갔다. 만화의 수준도 점점 올라갔다. 글 밥도 많아지고 내용도 깊어졌다.

어느 날부터는 신문을 읽었다. 일간지 두 개를 준비해서 서로 번갈아 가면서 읽고 인상 깊은 기사를 서로 얘기하였는데, 중환이가 의외로 본인의 관심 분야에 대해서 적극적으로 얘기를 하는 바람에 수업이 늦게 끝나곤 했다. 어느 날은 국제 정세나 시사 문제에 관해 물어와서 한참을 얘기 나누곤 했다. 어떤 날은 조금만 더 얘기하고 가면 안 되냐며, 나를 붙잡기도 했다.

그렇게 수업을 진행하던 어느 날, 중환이가 코칭 시간이 1시간이 지났는데도 오지 않았다. 할 수 없이 '다음 시간에 봐야겠구나.' 하고 생각하던 찰나에 중환이가 숨을 헐떡이며 달려왔다.

"많이 늦었네. 무슨 일이 있었니?"

"모레가 시험인데요, 우리 반 1등 하는 애 노트를 베껴 오느라고 좀 늦었어요. 죄송합니다."

처음 만났을 때 자기는 공부 안 할 거라고 말했던 중환이가 시험공부를 하고 온 것이다. 그동안 책을 읽고 말하는 것 위주로 진행했는데 내면에서는 변화가 오고 있었던 것이다.

"그래, 어디 좀 볼까? 음, 사회하고 국사를 정리했구나."

"네, 베끼면서 열심히 외웠어요."

"오, 그래? 그럼 몇 가지 물어볼까?"

"네, 물어보세요. 열심히 외웠으니까 자신 있어요."

나는 중환이에게 기본적인 개념 내용 위주로 물어보았다. 그랬더니 제법 대답을 잘하였다.

"오~, 정말 열심히 쓰고 외웠나 본데."라고 칭찬을 해주었다.

그날을 계기로 중환이는 공부에 조금씩 재미를 붙여갔다.

위 사례에서 보듯이 독서 능력이 떨어지는 학생은 본인이 재미있어 하는 장르부터 시작하는 것이 좋다. 그러면서 읽기에 어느 정도 익숙해지면 서서히 사회, 과학, 역사 등 장르로 확대하도록 한다. 교과서는 문학과 달리 무미건조하게 서술되어 있으므로 비문학 장르의 책을 읽다 보면 읽기 능력이 향상돼 교과서 읽기가 더 수월해질 수 있다.

읽기 핵심은
'천천히'에 있다

기말고사 기간에 중학생 진우가 열심히 영어 문제집을 풀고 있었다. 그런데 해답을 보더니 이렇게 물었다.

"선생님, 밑줄 친 말이 의미하는 것은 격려가 아닌가요? 왜 틀렸는지 모르겠네요."

"음……, good job이라고 했으니 칭찬이 아닐까?"

"칭찬이나 격려나 같은 거 아니에요?"

"뜻이 같다면 답이 2개가 되는 것 아닌가? 의미를 한번 생각해보자."

진우는 칭찬과 격려의 차이를 구별하지 못했다. 다른 문제를 풀 때도 비슷한 현상이 나타났다. 진우에게 모든 과목이 힘들 것이라고 충분히 예상할 수 있다. 그래서 진우는 '천천히 읽기'를 교과서 중심으로 진행했고 몇 달 뒤에는 상당히 개선되어 공부에 흥미를 붙이고 열심히 할 수 있었다.

고등학생 정진이가 시험공부 때문에 고민이었다. 정진이는 '윤리와 사상' 성적이 좋질 않아 걱정이 많았다.

"선생님 윤사(윤리와 사상)는 아무래도 포기해야 할 것 같아요. 시험이 1주일도 안 남았는데⋯⋯."

"다른 사회탐구는 성적이 잘 나오는데 윤사는 왜 안 나올까?"

"모르겠어요. 윤사는 너무 어려워요."

"시험 범위는 다 읽고 시험 보니?"

"아뇨, 무슨 말인지도 모르겠고 다 못 보고 시험 봐요."

"다른 사회탐구는 책을 다 보겠지? 문제집도 풀고⋯⋯."

"네."

"그러면 벌써 답을 찾았네. 우리 책을 한 번 읽어볼까? 문제집도 풀어보고⋯⋯."

정진이는 윤사 교과서를 여러 번 천천히 읽으며 공부한 다음 시험을 치렀다. 결과는 어떻게 되었을까? 당연히 성적이 오를 수밖에 없었다. 교과서를 여러 번 읽고 문제집을 푼 뒤 책을 1번 더 보아서 이해와 암기가 잘되었기 때문이다.

학습코칭을 하면서 이런 경우는 너무 흔한 경험이라 이제는 경험이라고 말하는 것조차 새로울 것이 없다. 그런데 도대체 왜 이렇게 많은 학생이 기초적인 읽기 능력에서 심각한 문제를 가지고 있는 것일까? 자기주도학습에서 풍부한 독서는 거의 절대적인 전제 조건이다. 기초 공사를 튼튼히 하고 집을 지어 올리듯이 독서를 통해 어휘를 늘리고 이해력과 생각하는 힘을 길러 기초 체력을 튼튼하게 해야 한다. 그런 다음 그 위에 여러 과목을 공부해나가야 한다. 기초가 부실하여 한번 무너진 집은 좀처럼 다시 세우기가 어렵다.

공부에서 가장 중요한 원리

"선생님, 옹호가 뭐예요? 관념은 뭐죠?"

다음 주 월요일 윤리와 사상 시험을 봐야 하는 고등학생 형숙이가 문제집을 보다가 물었다.

시험 범위에 서양철학 부분이 있는데 어려워서 손도 못 대고 있다가 목, 금요일에 보았던 시험의 성적이 오르자 내친김에 윤사도 공부를 해야겠다고 마음먹은 것이다. 하지만 그렇지 않아도 어려운 철학 파트가 이해할 수 없는 용어로 가득 차 형숙이를 괴롭혔다.

평소에 충분한 독서를 하지 않으면 그것이 원죄가 되어 두고두고 학습의 장애 요인이 된다. 실제 상위권 학생들도 영어, 수학보다는 좀처럼 오르지 않는 국어 때문에 많은 어려움을 겪는다.

형숙이에게 용어의 뜻을 알려준 뒤 먼저 교과서를 읽게 했다. 당장 월요일이 시험이기 때문에 문제집과 교과서를 번갈아 가면서 공부했다. 각 단원을 그렇게 3번씩 반복하였다. 문제집을 푼 횟수를 포함하면 곱하기 2 해서 교과서 + 문제집 하여 총 6번 반복한 셈이다. 난해하던 교과서 내용이 이해가 되면서 암기 양이 많아졌다. 주말 동안 나머지 단원도 그렇게 공부하라고 하면서 헤어졌다.

며칠 후 다시 형숙이를 만났다.

"윤리와 사상 시험은 어떻게 됐니?"

"네, 다 잘 봤어요. 전 과목이 다 올랐어요. 윤사도 많이 올랐고요."

"근데, 고전문학 문제집은 왜 가져왔니?"

"네, 국어를 어떻게 해야 할지 몰라서요."

"그동안은 어떻게 했는데?"

"많이 못 했어요. 해도 표시도 안 나고 해서요."

"한데, 왜 책을 가져왔을까?"

"영어, 사회, 윤사를 선생님이 하라는 방법대로 했더니 성적이 올라서요. 이제 고전문학도 해볼까 하는데 솔직히 엄두가 안 나요."

형숙이는 시험이 끝나고 자신감에 차 있었다. 꿈쩍 않을 것 같던 성적이 계속해서 오르고 공부의 재미도 알아가고 있었기 때문이다. 그래서 형숙이에게 물었다.

"공부에서 가장 중요한 원리가 뭐라고 생각하니?"

"자주 반복해서 읽는 거요. 꾸준하게."

경험에서 나오는 확신에 찬 표정으로 대답했다.

고등학교에 다니는 준명이는 공부가 힘들어서 포기하려 했으나, 부모님의 설득으로 다시 공부를 해보기로 마음먹고 학습코칭을 시작했다. 상담을 해보니 준명이는 학원도 포기하고 혼자서 학교에서 자율학습을 하고 온다고 했다. 학원을 포기한 이유는 부모님의 압박 때문이었다. 학원비를 이렇게 많이 지출하는데 왜 성적이 나오지 않느냐, 하는 잔소리를 듣느니 차라리 혼자 공부하는 편이 마음 편할 것 같다고 한다.

하지만 문제는 혼자서 공부를 하려고 학교에 남아서 노력해봤지만 자습시간에 자거나 멍하니 있다가 돌아오기 일쑤였고, 방법을 찾지 못해 다시 공부를 포기하려는 마음 상태에 직면해 있었다.

"그래, 수업 시간은 어때? 따라갈 만해?"

"솔직히 다 모르겠어요. 교과서도 모르겠고, 수업 내용도 못 알아듣겠어요."

"수업을 못 따라가면 자율학습 시간에도 할 게 없었을 텐데?"

"네, 그래서 엎드려 자거나 그냥 PC방에 들렀다 오거나 했어요."

준명이한테서는 공부에 대한 의욕을 거의 찾아볼 수가 없었다. 하지만 완전히 공부를 포기한 상태는 아니었으므로 불씨가 꺼지기 전에 다시 살려보기로 했다.

"일단 수업 시간에 못 알아듣는 게 너무 많으면 공부를 포기하고 싶은 마음이 들게 되지. 그래서 미리 교과서나 교재를 좀 읽고 가는 게 좋아. 어때 한번 연습을 해볼까?"

준명이는 영어와 사회를 해보고 싶다고 했다. 영어와 사회를 천천히 읽기 방식으로 연습했다. 영어는 모르는 단어를 미리 찾고 발음도 확인했다. 그런 다음 여러 차례 능숙하게 읽을 때까지 연습한 뒤 학교 수업에 참여했다. 사회도 미리 교과서를 여러 번 읽고 수업에 임했다. 그런데 사회 교과서를 읽을 때 준명이가 괴로움을 호소했다.

"선생님, 모르는 낱말을 찾고 두 번 읽었는데, 무슨 말인지 이해를 못 하겠어요."

준명이는 괴로운 표정을 지었다.

"한두 번 읽어서 이해되지는 않을 거야. 쉬었다가 한 번만 더 읽어 보자."

휴식을 취한 뒤, 천천히 한 번을 더 읽고, 잠시 쉬었다 한 번을 더 읽었다.

"자, 이제 책을 보면서 나한테 설명을 해볼까?"

준명이는 책을 보면서 더듬더듬 설명했다. 대략 80% 정도는 이해 하고 있는 것 같았다.

"잘했어. 완벽하지는 않지만 이해하는 부분이 많이 늘어난 것 같은 데?"

"네, 아까보다는 많이 이해가 된 것 같아요."

"좋아. 오늘은 여기까지 하고 나머지는 수업 시간에 선생님 말씀에 집중해보자. 그럼 이해가 더 잘될 거야."

준명이는 그런 식으로 계속 '천천히 읽기'를 진행했고, 몇 달 후에 는 지독히 어두운 터널에서 빠져나올 수 있었다. 그리고 점점 더 혼자 공부하는 시간이 늘어났다.

① 교과서 읽기의 핵심은 '천천히' 읽기다.

② 교과서를 천천히 반복해서 읽으면 이해도가 올라가 학습 동기가 강화된다.

③ '꾸준하게 반복해서 읽는 것'의 가치를 경험하라.

'3SR2E 공부법' 매뉴얼

옳다 알았다, 고추장만 먹이면은 되는구나 하고 나는 속으로 아주 쟁그라워 죽겠다. 그때에는 뜻밖에 내가 닭쌈을 붙여 놓는 데 놀라서 울 밖으로 내다보고 섰던 점순이도 입맛이 쓴지 눈살을 찌푸렸다.

나는 두 손으로 볼기짝을 두드리며 연방,

"잘한다! 잘한다!"

하고, 신이 머리끝까지 뻗치었다.

"선생님, 신이 머리끝까지 뻗치었다, 이게 무슨 뜻인가요?"

교과서에 나온 김유정의 〈동백꽃〉을 보다가 정아가 물었다.

"정아가 생각하기엔 무슨 뜻일 것 같아?"

나는 교과서를 보면서 물었다.

"화가 났다?"

"앞뒤 문맥을 살펴보면 짐작이 되지 않을까? 한번 생각해봐. 짐작이 맞나 보자. 두 손으로 볼기짝을 두드리며 잘한다, 잘한다, 했으니."

"신난다? 그런 뜻 같아요."

"그럼 자습서를 확인해볼까?"

학습코칭 상담을 하다 보면 많은 학생에게 당면한 문제가 '읽기'임을 알 수 있다. '읽기' 능력의 부족으로 공부를 하고 싶은데도 결국에는 포기하고 마는 학생들이 많다. 부모들은 자녀가 학습 동기가 없고 공부 방법을 몰라 공부를 못하는 것 같다고 많이 얘기한다. 물론 틀린 얘기는 아니다. 하지만 그 바탕에는 다른 문제가 도사리고 있다.

학생들은 학년이 올라갈수록 누구나 공부를 잘해야겠다는 생각을 한다. 그런데 기초학습 능력, 즉 읽기 능력이 부족한 학생은 금세 난관에 봉착하고 만다. 어떤 수업 시간도 집중해서 들을 수 없고 어떤 교과서도 쉽게 읽어낼 수 없어서 답답해하다가 나중에는 스스로 포기하고 만다. 그러면서 어디에 좋은 공부 방법이 있지 않을까 하면서 찾기도 한다.

어떤 학생은 다른 사람에 비해 자기는 암기를 잘하지 못해서 머리가 나쁜 게 아닌가 하고 자신을 자책하기도 한다. 공부법에서 여러 가지 암기법을 가르치기도 하는데 나는 학습코칭을 하면서 특별히 암기법을 알려주지는 않는다. 텍스트를 여러 번 읽으면 자연히 이해가 되고 그것을 되새겨보면 자연스럽게 암기가 되기 때문이다. 그리고 그 정도가 되면 스스로 자신에게 맞는 암기 방법을 찾게 되기도 한다.

그래서 나는 코칭과 강의를 할 때 가장 강조하는 것이 '읽기'이고, 읽기의 방법인 '3SR2E'를 중심으로 반복 훈련을 진행한다. 읽기는 학습의 거의 모든 것이라 해도 과언이 아니다. 요즘 학생들이 공부에 지치고 거부감을 느끼는 것은 너무 많이 가르치고 너무 많은 방법을 알려주기 때문이다. 읽기를 잘하면 강의를 듣는 것보다 훨씬 효과적으로 공부할 수 있다.

'읽기' 하나만 가지고도 얼마든지 공부를 잘하게 할 수 있는데 또 다른 비법이 있겠지, 하고 찾는 것을 볼 때면 답답함을 느낀다. 공부의 핵심인 예습 복습도 읽기의 연장선이다. 학교 수업 전에 읽으면 예습이요, 수업 후에 읽으면 복습이다.

천천히 제대로 읽기, 매뉴얼

복잡한 공부가 학생들을 공부에서 더 멀어지게 한다. 공부법은 단순해야 한다. 공부법에 대한 강의나 학습코칭 연수를 보면 여러 가지 공부기술을 가르치고 그것을 학생들에게 적용하라고 얘기한다. 사실 적용해본 사람은 그것이 그렇게 큰 도움이 되지 않는다는 것을 알 것이다. 특히 아직 공부에 능숙하지 않은 학생들은 다양한 공부기술을 익히는 것보다 제대로 읽는 방법부터 습득하는 것이 필요하다.

학생들은 '천천히 제대로 읽기' 방법인 '3SR2E 공부법'을 체계적으로 훈련하고 습득하는 것이 중요하다. 공부를 잘하는 학생이라도 그 방법을 제대로 익힌다면 효율적인 공부를 할 수 있고 원하는 성적 향상을 이룰 수 있다.

3SR2E 공부법에는 자기주도학습의 요소가 골고루 들어 있으므로 반복해서 연습하다 보면 저절로 공부습관이 만들어진다. 모든 학생이 공통으로 훈련해야 할 공부법은 3SR2E이고, 그것을 능숙하게 잘하고 심화학습을 원하는 학생은 5SR2E로 공부한다. 방법과 순서를 도표로 정리하면 다음과 같다.

3SR2E 공부법

💡 자기주도학습을 실천하는 최상의 학습법으로, 모든 학생이 자기 수준에 맞게 진행할 수 있다. 읽기, 쓰기, 예습, 복습, 몰입, 피드백 등 공부의 중요 습관을 익힐 수 있다.

읽고 표현하기는 자기주도학습에서 가장 중요하다.
3SR2E는 3번 천천히 읽고(3SR), 2번 표현하기(2E)를 말한다.

각 회당 주어진 미션에 따라 천천히 읽기(Slow Reading)로 3회 읽고, 각 회당 읽은 시간을 기록한다. 읽은 다음 읽은 것을 표현하는 것 (Expressing in writing and in speaking)이 중요하다. 1회는 노트에 쓰고 1회는 말로 설명한다(2번 표현).

　3SR2E : 3번 천천히 읽고, 2번 표현하기

　SR : Slow Reading

　E : Expressing in writing and in speaking

　3SR2E의 실천 방법은 다음과 같다.

구분	방법	읽은 시간	
1SR	내용을 이해(생각)하며 천천히 읽는다.	분	초
2SR	중요한 내용에 밑줄을 그으며 천천히 읽는다.	분	초
3SR	내일 선생님이 되어 친구들을 가르친다고 생각하며 천천히 읽는다.	분	초
1E	읽은 내용을 최대한 기억해서 자세히 적는다. (writing)		
2E	읽고 기록한 내용을 다른 사람(또는 자신)에게 설명해본다. (speaking)		

* 분량을 무리해서 정하지 않는다.

* 각 회독에 주어지는 읽기 방법에 따라 읽는다.

* 핵심은 천천히 읽는 것이다.

* 모르는 낱말이 많으면 1SR 전에 낱말의 뜻을 찾아서 책에 적는다.

* 한 번 읽을 때마다 휴식 시간을 짧게 가진다.

* 한 번 읽을 때마다 읽은 시간을 재서 기록한다.

* 횟수가 늘어날 때마다 천천히 읽도록 노력한다.

* 다 읽고 나서는 책을 보지 않고 최대한 기억해서 읽은 내용을 노

트에 적어본다.

* 노트에 적은 다음 읽은 책과 비교하여 빠진 부분을 채워 넣는다.

* 노트에 적은 내용을 부모님이나 선생님 혹은 친구에게 설명해본다.

5SR2E 공부법

💡 3SR2E를 능숙하게 할 수 있고 좀 더 깊은 공부를 하고 싶은 학생들이
실천하는 방법이다. 3SR2E를 잘하는 학생이 아니라면 무리해서 5SR2E
를 할 필요는 없다.

3SR2E와 비교하면 시험문제를 낸다고 생각하며 읽는 것과 외우면
서 읽는 방법이 추가되었다.

구분	방법	읽은 시간
1SR	내용을 이해(생각)하며 천천히 읽는다. – 무슨 내용일까, 생각하며 읽기	분 초
2SR	중요한 내용에 밑줄을 그으며 읽는다. – 중요하다고 생각하는 내용에 자기만의 방식으로 　표시한다.	분 초
3SR	내일 선생님이 돼서 친구들을 가르친다고 생각하며 천천히 읽는다. – 친구들에게 어떻게 설명할까, 생각하며 읽는다.	분 초
4SR	내가 시험문제를 만든다면 무엇을 어떻게 출제할까 생각하면서 천천히 읽는다. – 무슨 문제를 낼까, 생각하며 읽는다.	분 초

5SR	중요한 내용을 외우면서 읽는다. - 다 읽은 다음에 책을 덮고 적어봐야지, 하고 생각하며 읽는다.	분	초
1E	읽은 내용을 최대한 기억해서 적는다. (writing)		
2E	읽고 기록한 내용을 다른 사람에게 설명해본다. (speaking)		

* 한꺼번에 5회가 힘든 학생은 2~3회씩 나누어 읽는다.

* 한 번 읽을 때마다 읽은 시간을 재서 기록한다.

* 횟수가 늘어날 때마다 천천히 읽도록 노력한다.

과목(교재)	사회		읽은 페이지	174 ~ 176페이지
읽은 횟수	1회(이해하며 읽기)		읽기 여부(○,×)	
(해당하는	2회(밑줄 그으며 읽기)		읽기 여부(○×)	
횟수에 ○표)	3회(무엇을 가르칠까?)		읽기 여부(○×)	

책을 덮고 읽은 내용을 천천히 생각하면서 최대한 기억해서 적어보세요. 자세히 기록할수록
좋습니다.(1E-쓰기) 순서에 맞게 쓰기 위해 소제목을 미리 적어놓고 시작하세요.

의원 내각제
① 의원 내각제는 선거를 통해 의원을 뽑고 의회 다수당에서 총리를 뽑는다.
그리고 대통령의 내각을 봄과 의회와 내각이 긴밀한 관계에 있다.
② 의회는 내각을 불신임 할수있는 내각불신임권을 해사 할수있다.
③ 내각은 의회에 법률안을 제안 할수있고 의회를 해산시킬 수있는 의회해산권을
행사 할수있다.

장점: 의회와 내각이 국민의여론에 민감하게 반응하여 책임 정부로 정치가 난다.

단점: 의회와 내각을 한 정당이 차지할 경우 다수당의 횡포가 나타날수가
있음

대통령제
① 의회는 행정부를 불신임할수없다.
② 행정부는 의회를 해산 시킬수없다.
③ 대통령은 의회에 법률안을 제출할수없지만 법률 안을 거부 할수있는
법률안거부권을 사용할수있다.
④ 의회는 대통령의 각종권한에 대한 동의권 및 탄핵 소추권를 행사
할수있다.

장점
① 의회와 행정부와의 관계가 긴밀 하지않아 상호견제를 해 권력 남용을막을수있
함으로
② 대통령임기기간동안 안정적으로 정책을 선정하고 실행할수있다.

단점
① 의회와 행정부와의 관계가 긴밀하지 않아 사이에 큰 제가 생기면 해결이 어려움

• 틀리거나 부족했던 부분을 다른 색깔의 펜으로 수정하고 보충해서 적어주세요.

④ 대통령이 강한 권력을 행사 할 경우 독재의 우려가 있음

〈3SR2E 사례 ①, 중학 사회〉

과목(교재)	사회	읽은 페이지	178 ~	페이지
읽은 횟수 (해당하는 횟수에 ○표)	1회(이해하며 읽기)	읽기 여부 (○)×		
	2회(밑줄 그으며 읽기)	읽기 여부 (○)×		
	3회(무엇을 가르칠까?)	읽기 여부 (○)×		

책을 덮고 읽은 내용을 천천히 생각하면서 최대한 기억해서 적어보세요. 자세히 기록할수록 좋습니다.(1E-쓰기) 순서에 맞게 쓰기 위해 소제목을 미리 적어놓고 시작하세요.

의원내각제
의원내각제는 국민이 선거를 통해 의회의원을 선출하고 (의원내각제에서왕이 통치한 성장자에서) 의회다수당의 대표가 총리가 된다. 총리는 내각을 구성한다. 의회의원과 내각의 장관은 겸임할수있으며 의회는 내각을 불신임할수있다. 또한 내각은 의회에 법률안을 제출하거나 의회를 해산할수있다. 의원내각제는 국민들에게 민감해서 책임있는 정치를 할수있다. → 국민주권의 원리 충실히 실현. 그러나 의회 다수당이 횡포를 부릴수있다. C 막강권력)

대통령제
대통령제는 국민이 선거를 통해 대통령과 의회의원들다 선출하고 대통령은 내각을 구성한다. 의회의원과 내각장관을 겸임할수 없으며 의회는 내각을 불신임할수없다. 또한 내각은 의회에 법률안을 제출할수 없으며 의회를 해산할수없다. 대통령임기동안 지속적인 정치를 수행할수 있다. 또한 입법부와 행정부가 엄격히 분리되어 상호견제와 균형을 이루어 권력분립의 원리를 잘 실현할수있다. 그러나 대통령이 독재를 할수도있다.

•틀리거나 부족했던 부분을 다른 색깔의 펜으로 수정하고 보충해서 적어주세요.

〈3SR2E 사례 ②, 중학 사회〉

과목(교재)	한국지리		읽은 페이지	1 ~ 3페이지
읽은 횟수 (해당하는 횟수에 ○표)	1회(이해하며 읽기)	천천히 읽은 시간		5 분 23초
	2회(밑줄 그으며 읽기)			5 분 8. 초
	3회(무엇을 가르칠까?)			5 분 15초

책을 덮고 읽은 내용을 천천히 생각하면서 최대한 기억해서 적어보세요. 자세히 기록할수록 좋습니다.(1E-쓰기) 순서에 맞게 쓰기 위해 소제목을 미리 적어놓고 시작하세요.

1E - 쓰기)

· 자연적 증가 = 출생아 - 사망자
· 사회적 증가 = 전입자 - 전출자

시대별 인구 증가)
· 조선시대 : 대가족제도 인구 평균 정체기
· 일제 강점기 : 의료·근대의학의 도입으로 사망자 수가 ↓
· 광복 이후 해외에 나갔던 사람이 돌아와 사회적 증가가 O
· 6.25 전쟁 시 사망자 ↑ 전쟁 후 베이비붐으로 인해 출생아는 증가!
· 60년대 이후 산아 제한 정책으로 인구 증가율 ↓ 남아 인구 여초 ↑
· 경제가 들고 인구 증가율이 감소하자 최근에는 출산 장려 정책으로 방향을 변경함   ┐ 당시 포스터를 통해 알 수 있음.

                                            촌   부양
· 유소년층 0~14세 / 청장년층 15~64세 / 노년층 65~ 세
· 유소년층 부양비 = 유소년층 인구/청장년층 인구 x 100 · 노년층 인구 부양비 = 노년층 인구/청장년층 인구 x 100 / 총인구 부양비 = 유소년층 부양비 + 청장년층 부양비
· 노령화 비율 = 노년층 인구/유소년층 인구 x 100 최근 노년층이 증가, 유소년층이 감소로 노령화 비율이 크게 ↑
  (도시) 지역 : 수도권·남동 임해·내륙 평야와 같은 2·3차 산업 발달 지역
  (촌락) 지역 : 농촌·태백 고랭지 산지와 같은 1차 산업 발달 지역

미래 인구 변화)
 통계에 따르면 2030년 인구 증가율이 (-)를 찍어 인구 감소할 것이고
 고령화 인구 부양비 또한 강조할 것이다.
        ↑촌

· 2E(2번째 표현하기)는 1E에서 부족했던 부분을 확인한 뒤 뒷면에 한 번 더 적어주세요.

〈3SR2E 사례 ③, 고등 한국지리〉

48   PART 1 문해력 학습법과 3SR2E

개체군의 특성

개체군이란 한 서식지 내에서 살아가는 같은 종의 생물을 나타내며 개체군의 특성은 개체군의 밀도를 통해 알 수 있다. 개체군의 밀도는 단위 면적당 개체수, 혹은 단위 부피당 개체수로 구할 수 있다. 한 서식지 내에서 개체군의 수의 변화를 보여준 그래프를 생장곡선이라고 한다. 먹이가 충분하고 방해요소가 없으면 개체의 생식이 가능할때 개체수는 기하급수적으로 늘며 J자형의 생장곡선이 만들어지게 된다. 반면 개체수가 늘어남에 따라 먹이 등의 경쟁이 심해지고 천적병 등의 변화요소가 작용하는 때는 개체수가 줄어든다. 일정범위에서 개체수가 더 늘거나 적절하게 유지되는 실제 환경에서 나오는 S자형 생장곡선이 만들어진다.

각 개체들의 출생률과 사망률을 나타낸 그래프를 생존곡선이라고 한다. 위의 그래프로 세가지의 형태로 나뉘어지는데, I형 생존곡선에 해당하는 생물들은 어릴때 특히 잘살고 병어 여러개체의 생존율이 높으며 인간, 포기 사회성이 대형 포유류가 여기 해당합니다. II형 생존곡선에 해당한 생물들은 출생률과 사망률이 일정하여 대충취고 많은 설치류가, 참새 등의 조류들이 이 II형 생존곡선에 해당됩니다. III형 생존곡선은 태어나는 어린개체 등이 너무 살아남는 어린 개체들의 수가 매우 적습니다. 이 III형 생존곡선에 해당하는 대표적인 개체는 굴종으로 약 100만개의 알을 낳지만 살아남는 개체는 9 기만 끼미 몇개 되지 않는다고 합니다.

각 개체들의 연령대열 생물을 합해 놓은 자료를 연령 피라미드라 하며 어린개체로부터 나이가 많은 개체까지 차례대로 쌓아 놓어 그린 그래프를 연령피라미드라고 합니다.

〈3SR2E 사례 ④, 고등 생명과학〉

변하지 않는
공부 원칙

　공부에서 기억보다 더 중요한 것이 있을까? 공부한 내용을 필요할 때 끄집어내지 못하고 기억하지 못한다면 공부한 의미가 없지 않을까? 많은 학생이 아무리 공부해도 기억을 잘 하지 못해 좌절한다. 실제 학습 상담을 신청한 대부분 학생이 이런 문제로 고민하고 어려움을 호소하곤 한다.

　어제 분명히 공부했는데 오늘 생각해보면 잘 기억나지 않기 때문이다. 그러다 보면 왜 이렇게 나는 머리가 나쁠까 하는 생각이 들기도 한다. 암기를 잘하는 상위권 학생들이 부럽기도 하다.

　하지만 자전거를 타는 데도 원리가 있고 방법이 있듯이 공부에도 원리와 방법이 있다. 공부 핵심인 암기에도 공식과 같은 원리가 반드시 있는 것이다. 하지만 많은 학생이 이 원리를 무시하고 무작정 외우려고 달려드는 모습을 보면 안타까울 때가 많다.

역설적이지만 암기는 망각에서 시작된다. 망각하기 때문에 기억하지 않아도 될 일이나 기억하고 싶지 않은 일을 잊고 마음 편히 살 수 있다. 하지만 덕분에 기억하고 싶은 것들은 반복해서 부지런히 외워야만 한다.

에빙하우스가 고안한 망각률 곡선을 보면 학습을 완료한 시점에 머릿속에 남은 정보의 양을 100%라고 했을 때 20분 후에는 58.2%, 9시간 뒤에는 35.8%, 6일 후에는 25.4%만이 기억 속에 남는다. 일주일이 지나면 공부한 내용 대부분이 기억에서 사라지고 마는 것이다. 이것은 지극히 정상적인 것이다. 그렇다면 학습에서 이 망각의 늪을 빠져나오는 방법은 무엇일까?

바로 복습이다. 에빙하우스 곡선을 역이용하여 수업 후 20분 안에 1차 복습을 해주는 것이다. 정확하게 말하면 수업 직후 3분 정도에 다시 한번 공부한 내용을 훑어보는 것이 좋다. 그리고 그날 저녁에 한 번 더 봐주고, 주말에 다시 한번 확인하고 시험 전에 다시 정리한다면 망각하는 양을 현저히 줄일 수 있다.

실제로 실험을 통해 복습 효과가 증명된 사례가 있다. 학생을 A, B 두 집단으로 나눈 후 A집단은 수업을 듣고 바로 5분간 복습을 했고 B집단은 복습을 하지 않았다. 6주 뒤에 치러진 시험에서 복습을 한 A집단이 B집단보다 1.5배나 기억률이 높았다. 주기적인 복습은 기억을 높이는 지름길이다. 복습하는 습관은 자기주도학습의 필수 조건이다.

3SR2E도 반복 효과가 있다. 반복하면 이해와 기억이 잘된다. 우리 뇌의 해마는 기억에 관여하고 있는데 중요한 정보만 저장하게 된다. 해마는 반복해서 들어오거나 나가는 정보는 중요하게 생각하여 장기기억으로 넘기게 된다. 따라서 3SR2E로 한 공부는 며칠이 지나도 기억이 잘 나는 것을 확인할 수 있다. 그러므로 수업 후에 당일 복습은 매우 중요하다. 3SR2E를 활용하여 복습하면 오래 기억할 수 있다. 특히 뇌는 출력을 중요하게 여기므로 여러 번 읽기에서 그쳐서는 안 되고 반드시 2E로 출력하는 과정을 거쳐야 한다.

3SR2E로 예습을 해야 하는 이유

복습 못지않게 예습도 중요하다. 특히 중·고등학생은 아무리 시간이 없더라도 조금이라도 예습을 하는 것이 좋다. 예습이 수업 시간의 집중력에 미치는 영향이 생각보다 크기 때문이다. 또 학습의 양이 많고 난도가 높아서 복습만으로 내용을 완전히 소화하기에 무리가 따른다.

예습이란 배울 내용을 완전하게 알 수 있도록 공부하는 것이 아니라 배우게 될 내용이 무엇인가에 대해 생각해보는 것이다. 그리고 자신이 현재 모르고 있다는 사실을 확인하는 것, 그래서 알고 싶은 마음이 생기게 하는 것인데, 그 정도까지만 해도 예습했다고 말할 수 있다. 그러니까 수업을 하기 전에 단 몇 분 동안 책을 읽어보는 것도 충분히 예습의 효과가 있다.

그런데 중하위권 학생들은 수업 직전 잠깐의 예습이 별로 효과가 없을 것이다. 어휘나 배경지식이 약하기 때문이다. 이런 학생이 예습을 하려면 하루 전날 모르는 어휘를 확인하며 자세하게 공부할 필요가 있다.

예습이 복습보다 힘들고 짜증스러운 일인 것은 분명하지만 그만큼 효과가 더 크다. 설령 교과서의 내용을 다 이해하지 못했다 하더라도 수업 시간에 선생님의 말씀을 듣고 많은 깨달음을 얻게 될 것이다.

공부를 잘하느냐 잘하지 못하느냐는 대개 집중력의 차이에서 결정난다. 어떻게 하면 집중력을 높일 수 있느냐가 문제가 되겠는데 우선 자신이 모르고 있다는 사실을 인식해야 하고 스스로 알고 싶은 욕구가 생기도록 하여야 한다. 모른다는 사실을 깨닫기 위해서도 예습을 해야 하고 알고 싶은 욕구를 불러일으키기 위해서도 예습을 해야만 한다. 3SR2E를 활용하여 예습하면 학습효과를 높일 수 있다.

중1 학생 중에 사회 과목을 힘들어하던 학생이 있었다. 수업 시간에 무슨 말인지 이해하기가 힘들다고 했다. 그래서 나는 그 학생에게 내일 배울 내용을 미리 예습해가도록 했다. 방법은 배울 내용을 미리 반복해서 여러 번 읽는 것이었다. 물론 읽으면서 모르는 단어는 그 뜻을 확인하였으며 읽을 때마다 밑줄을 그으면서 중요한 부분을 표시하게 했다. 그리고 3번 이상 반복해서 읽은 다음 그 부분을 정리했다.

그다음에는 내용을 나에게 설명했다. 반복 횟수가 늘어나면서 공부할 내용에 대한 이해도가 올라가고 수업 시간에 아는 내용이 많이 나와 자신 있게 대답할 수 있어서 수업에 집중할 수 있게 되었다. 그 결과, 시험 성적도 많이 오르게 되었다.

예습을 하게 되면 아는 것도 있고 알 듯 모를 듯한 것도 있으며 예습을 하였지만 도무지 알 수 없는 것도 있다. 아는 것은 알기 때문에 재미가 있어 수업에 집중하게 되고 알 듯 모를 듯한 것은 호기심이 더해져서 집중할 수 있으며 전혀 알 수 없는 것은 선생님의 강의를 통해서 알아야겠다는 의욕 때문에 집중력이 높아져서 학습에 도움이 된다.

반복해야만 완전하게 자기 것이 되기 때문에 복습은 꼭 필요하다. 그리고 수업 시간에 흥미와 집중력을 지니고 학습에 임하여야 하기 때문에 예습 역시 필요하다.

언어학자 핌슬러는 외국어 단어 한 개를 외울 때 반복의 주기를 "5의 n제곱 초만큼 반복하라."라고 했다. 즉, 첫 학습 뒤에 5초, 25초, 2분, 10분, 1시간, 5시간, 1일, 5일, 25일, 4개월, 2년마다 반복하는 것이 가장 효과적이라는 것이다. 그가 제안하는 것은 새로운 기억을 만들 때는 자극의 간격이 매우 촘촘해야 한다는 것이다. 따라서 예습-수업-복습의 과정에서 3SR2E를 활용하면 뇌에 적절한 자극을 주어 새로운 지식이 잘 만들어진다.

> ### 🗨 문해력 학습법 tips ▶
>
> ① 3SR2E를 활용하여 복습 위주로 공부습관을 기른다.
> ② 학습의 난도가 올라가는 중·고등학생은 되도록 예습을 실천하도록 한다.
> ③ 적절한 예습과 복습은 학습 동기를 강화한다.

생각하는 공부와
3SR2E

공부를 잘하는 학생과 그렇지 않은 학생은 공부에 접근하는 방식 자체가 다르다. 공부를 잘하는 학생은 공부의 성격과 본질에 대해 스스로 인지한 후에 공부하는 데 비해, 그렇지 않은 학생들은 지금 당장 주어진 진도를 따라가는 데 급급하다.

이런 이유로 공부를 잘하는 학생과 그렇지 않은 학생은 '안다'는 것의 차원이 다르다. 보통 학생들은 선생님의 설명을 듣고 이해를 하면 '안다'고 생각하는데, 공부를 잘하는 학생들은 그렇지 않다. 그들은 단순히 내용을 이해하는 수준을 넘어 자신이 선생님처럼 완벽하게 설명할 수 있어야 비로소 '안다'고 말한다.

이러한 '앎'의 상태에 이르기 위해 그들은 머릿속으로 학습 내용을 이리저리 궁리(다양한 각도로 연구)하면서 완전히 이해하려고 노력한다. 이런 방식으로 공부하면 처음에는 진도가 더딘 것처럼 보이지만, 나중에는 놀라운 사고력의 폭발을 경험하게 된다. 자신이 아는 것과 모르는 것을 정확하게 인지한 상태에서 공부하기 때문에 심도 있는 공부도 가능하다. 자신의 능력을 객관적으로 파악한 후 자기 주도적으로 학습 계획을 세울 수 있기 때문에, 막연히 열심히 하는 것과는 차원이 다른 성과를 기대할 수 있다.

중3 인지가 역사 공부를 하다가 내게 말했다.
"선생님, 저는 역사를 통 이해를 못 하겠어요. 인강(인터넷 강의)을 들었는데도 모르겠어요."
인지는 답답한 표정을 지으며 말했다.
"인강을 듣더라도 교과서를 먼저 읽어야 해. 교과서를 이해하지 않으면 인강을 들어도 무슨 말인지 알 수 없단다."
"역사는 무조건 외워야 하는 거 아니에요?"
"오우, 안 돼. 무조건 외운다고 되는 것도 아니고 그 많은 걸 다 외울 수도 없어. 이해를 잘할수록 더 잘 외울 수 있는 법이지."
"그럼 어떻게 해요?"
"천천히 여러 번 교과서를 읽어야 해. 읽다 보면 조금씩 이해가 돼. 우선 3번만 읽어보자. 천천히."
"교과서를 읽으라고요? 교과서 읽어봤는데 무슨 말인지 몰라서 인강 듣는 거예요."

"모르는 낱말이 많으면 읽기가 쉽지 않지. 그럴 때는 미리 어휘의 뜻을 찾아서 적어놓으면 읽을 때 이해하기가 쉬워. 그리고 읽을 때 생각을 하면서 천천히 읽는 것이 중요해. 그래야 머릿속에서 내용이 체계적으로 정리가 된단다."

나는 인지에게 모르는 낱말의 뜻을 찾아 적게 한 뒤 천천히 여러 번 읽게 했다.

"여러 번 읽으니까 어때?"

"읽을 때마다 조금씩 이해가 돼요."

3번을 천천히 읽은 후 노트에 읽은 내용을 2번 출력해서 적게 했다.

"출력까지 해보니 어때?"

"훨씬 더 잘 이해되고 기억이 잘 나요."

인지는 웃으며 말했다.

"이제, 읽은 내용을 인강으로 들으면 아주 잘 이해가 될 거야."

며칠 뒤, 인지에게 인강에 관해 물었다.

"역사 인강 들으니 어땠어?"

"귀에 쏙쏙 들어왔어요. 확실히 이해가 잘 돼요. 제 문제가 뭔지 알겠어요."

"문제가 뭐였지?"

"너무 아는 게 없이 수업을 들으려고 했던 거요."

"그럼 이제 어떻게 할 계획이야?"

"교과서나 자습서를 먼저 여러 번 읽고 수업을 들어야겠어요. 다른 과목도 이렇게 하면 되는 거죠?"

"그렇지, 다른 과목도 마찬가지야. 오늘은 국어부터 연습해볼까?"

인지는 읽기의 중요성을 확실하게 알게 됐고 꾸준히 연습한 결과, 공부에 자신감과 재미를 갖게 됐다. 읽기를 잘하면 이해하게 되고 깨달음을 체험하게 된다. 이것은 가장 강력한 동기부여가 되는 것이다.

중3 수현이가 과학 문제집을 풀다가 나에게 물었다.

"선생님, 이 문제는 두 번이나 풀었는데도 모르겠어요. 어떻게 해야 해요?"

"과학 문제네?"

나는 문제집을 보며 물었다.

"네, 물리인데 물리 쪽은 너무 어려워요."

"풀이는 확인했어?"

"네, 풀이를 봐도 모르겠어요."

"너는 문제 풀 때 안 풀리면 몇 분이나 생각해?"

"2, 3분 정도요."

"그럼 이 문제는 그동안 몇 분 정도 생각했어? 다 합쳐서."

"5분이 안 될 것 같은데요."

"그래? 그러면 이번에는 연속해서 5분 생각해볼까? 해답풀이는 보지 말고 온전히 생각만 해보자. 내가 시간을 잴 테니까 5분 동안 계속 생각하는 거야. 할 수 있겠어?"

"네, 알겠어요. 해볼게요."

수현이는 집중해서 다시 한번 문제를 풀기 시작했다. 3분쯤 흐르자 수현이가 말했다.

"선생님, 풀었어요."

"풀었어? 어떻게 푼 거야?"

수현이는 자기가 풀었던 방법을 나에게 설명했다.

"오호, 금방 풀렸구나. 생각하니까 문제 풀리지?"

"네, 풀리네요. 3분밖에 안 됐는데."

"앞으로는 해답은 나중에 보고, 일단 생각하는 시간을 조금만 늘려 봐. 그래야 실력이 느는 거야."

"네, 알겠습니다."

스스로 생각하는 시간이 늘어나야 실력이 늘고 성적이 향상될 수 있는데, 생각하는 게 귀찮아 해답에 의존하다 보면 실력은 제자리걸음을 하게 된다.

"어려운 문제는 생각하는 시간을 늘리고 여러 번 반복해서 풀어봐. 예를 들어 오늘 5분 생각했는데 안 풀렸다면, 내일 5분 생각하고, 그래도 안 풀리면 모레 5분 더 생각해서 풀어보는 거야. 문제집도 여러 권 많이 푸는 것보다 한 권을 여러 번 반복해서 푸는 게 좋아. 문제를 풀 때도 3SR2E를 활용해봐."

수현이는 그 뒤로 풀리지 않는 문제를 해답풀이를 보지 않고 오랫동안 생각하려고 노력했고 그래도 풀리지 않으면 나중에 다시 풀어보았다. 문제집도 반복해서 풀었다.

3SR2E를 읽기에만 적용할 것이 아니라 문제를 풀 때도 응용해보

자. 문제집은 또 다른 형태의 읽기 교재라고 할 수 있다.

문해력 학습법 tips

① 생각하는 공부는 학습 동기를 강화한다.

② 문제를 풀 때도 3SR2E를 활용하자.

③ 어려운 문제를 풀 때는 생각하는 시간을 늘려보자.

PART **2**

사례로 보는
문해력 공부법

공부는 읽기만 잘 해도
되는 거네요

운동선수의 꿈을 안고 중학교 운동부에서 열심히 훈련하며 생활하던 영춘이는 2학년이 되자 시험 결과를 보고 많이 놀랐다. 최하위권의 성적이 나온 것이다. 영춘이는 전국대회에 꾸준히 출전했을 정도로 실력이 우수한 편이었다. 운동에 몰두하다 보니 자연스레 공부는 뒷전이 되었다. 1학년 때는 공부가 어렵고 수업을 따라가기도 힘들었지만 성적에 대해 별 고민 없이 열심히 훈련했다. 하지만 2학년이 되어서 최하위권의 성적을 받고는 더는 안 되겠다는 생각에 학원에 등록했다. 그러나 기초가 너무 부족한 나머지 학원 수업을 따라가기가 힘들었다. 시험 기간에는 부모님도 공부를 도와주었지만 서로 갈등만

쌓이고 사이가 안 좋아졌다. 어디서부터 어떻게 문제를 풀어가야 할지 막막했다.

영춘이 부모님은 나에게 상담을 요청하였고, 2학기가 시작될 즈음에 코칭을 시작하였다. 영춘이는 운동선수이기 때문에 운동이 우선이고 그다음이 공부였다. 모든 스케줄은 운동부 일정에 맞춰 짜였다. 훈련시간이 정해져 있고 늦게 끝나다 보니 학습코칭을 할 수 있는 시간이 많지 않았다. 더구나 집에 와서는 개인 훈련도 해야 했기 때문에 공부에 집중하기가 쉽지 않았다. 그래서 코칭하는 시간에만 집중해서 공부할 수 있도록 이끌어주었다. 코칭은 일주일에 두 번 진행하였고, 영춘이는 코칭 시간만큼은 열심히 공부하였다.

첫 수업에서 국어 교과서를 읽어보게 하였다. 학교 진도에 맞추어 교과서 본문을 읽게 했는데 모르는 단어가 많아서 영춘이는 계속 질문을 했다. 나는 인터넷을 검색해서 단어의 뜻을 책에 메모하도록 했다. 영춘이는 책을 많이 안 읽어서 기본적인 어휘도 소화하지 못하고 있었다. 운동 때문에 수업에 자주 빠지다 보니 그렇지 않아도 공부가 힘든데 공부에 대한 집중도가 더 떨어지고 학습 의욕도 많이 하락한 상황이었다.

코칭 수업은 국어와 영어 교과서로 진행하였다. 국어 교과서를 가지고 '3SR2E(3번 천천히 읽고 2번 표현하기)'로 읽기 훈련을 진행했다. 읽기 방법을 웬만큼 습득하게 되자 같은 방법을 영어 교과서에 적용하였다. 국어 교과서의 읽기 횟수가 늘어나면서 영춘이에게 느낌을 물었다.

"국어 교과서를 천천히 읽고, 읽고 나서 표현해보니까 어때?"

"네, 반복해서 읽을수록 내용이 잘 이해되고 기억이 잘 나요."

그것은 영어 교과서를 할 때도 마찬가지였다.

"3SR2E로 영어 교과서 읽으니까 도움이 돼?"

"네, 예전에는 영어 교과서를 천천히 읽지 않았는데, 천천히 읽을수록 내용이 확실하게 잘 이해됩니다."

"전에는 어떻게 읽었어?"

"전에는 소리 내서 한 번 읽고, 그런 다음에 그냥 해석 한번 해봤어요."

영춘이가 코칭 방식에 만족하고 공부를 잘하고 싶은 의욕이 생기면서 코칭 수업은 큰 어려움 없이 진행할 수 있었다. 영춘이가 공부에 적극적인 태도를 보이게 된 계기는 대학 진학 문제 때문이었다. 운동만 잘해서는 원하는 대학에 진학하기 어렵다는 사실을 알고 본격적으로 공부를 하기로 마음먹은 것이다. 거기에다 운동 선배 중에서 최상위권 성적을 받는 학생이 있다는 것을 알고 자기도 공부를 하면 그렇게 될 수 있을 것 같다는 생각을 한 것이다.

코칭 과정에서 아쉬운 점은 영춘이가 운동선수라 매일 훈련하기 때문에 혼자만의 공부 시간을 많이 갖지 못한다는 것이었다. 하지만 그것은 어찌할 수 없는 일이어서 코칭 시간에 집중해서 잘한다면, 학교 수업 시간을 효과적으로 활용할 수 있으리라 기대하였다. 따로 숙제도 내주지 않았다.

그런데 영춘이는 공부를 훈련처럼 생각했다. 단체로 일정 시간을 매일 연습하고, 연습장에서 훈련하는 시간 외에도 집에 와서 개인 트레이닝을 하듯이 공부도 그렇게 했다. 집에서는 항상 한 시간 공부 트레이닝을 했다. 트레이닝 방법은 국어와 영어 교과서나 자습서를 가지고 3SR2E로 연습하는 것이었다.

일주일에 한 번씩 작성하는 '주간 성찰 일지'를 보면 한 주간 열심히 공부한 흔적을 확인할 수 있었다. 어느 날은 〈나에게 주는 한마디〉에 이렇게 적었다.

"대가를 바라지 않고 항상 열심히 하다 보면 언젠간 더 크게 다가오겠지."

〈꿈과 목표를 위한 나의 노력〉에는 자주 A를 평가할 정도로 자기관리를 열심히 하였다. 물론 컨디션이 안 좋아서 실천이 부족한 주에는 냉정하게 C나 D를 평가하였다. 〈독서 활동〉에도 읽은 책이 늘어났다. 학습 태도와 집중도가 좋아지는 것이 보였다.

덕분에 학교 수업에서 집중도 잘하고, 수업 시간을 좀 더 효과적으로 활용할 수 있게 되었다. 그렇게 몇 달이 흘러 학교에서 시험을 보게 되었다. 영춘이는 시험이 끝나고 "선생님, 저 영어 100점 맞았어요. 다른 과목도 많이 올랐고요."라며 환하게 웃었다. 웃고 있는 영춘이에게 물었다.

"이번에 공부하면서 느낀 게 있어?"

"네, 공부는 읽기만 잘 해도 되는 거네요. 앞으로도 열심히 교과서를 읽으려고요."

공부를 잘하려면 제대로 된 방법으로 기초부터 탄탄하게 익히도록 해야 한다. 그렇지 않고 급한 마음에 이런저런 방법을 동원해서 빨리 결과를 얻으려 하면, 어떻게 공부를 해야 할지 막막하기만 하고 좌절하기 마련이다.

그동안 많은 학생에게 '3SR2E' 공부법을 지도해본 결과, 예외 없이 학습 동기가 향상되고 공부의 중요한 기술을 스스로 익히는 것을 볼 수 있었다. 강의를 많이 들어야 공부를 잘할 수 있다는 믿음은 거짓 신화에 불과하다. 요즘은 강의가 넘쳐난다. 하지만 강의를 많이 듣는 것보다 제대로 잘 읽어낼 수 있는 능력이 자기주도학습으로 가는 첩경임을 알아야 한다.

학습 동기가 지속해서 유지되려면 공부가 재미있어야 한다. 흥미와 재미는 내용을 이해하고 알아가는 체험이 늘어남으로써 가능하다. 천천히 제대로 읽는 공부 방법을 익힌다면 공부에 흥미를 느끼는 동시에 학습의 기술을 익혀, 시나브로 자기주도학습자로 나아갈 수 있다.

> **문해력 학습법 tips**
>
> ① 천천히 읽을수록 내용을 더 잘 이해하게 된다.
> ② 반복할수록 이해와 기억이 잘된다.
> ③ 천천히 읽으면 내용에 재미와 흥미가 생긴다.

좋은 공부 방법 좀
알려주세요

　중학교 1학년 은석이를 처음 만난 건 새 학기가 시작되고 얼마 되지 않은 때였다. 나는 부모님께 고민이 뭔지 물어봤다.

　"네, 우리 아이가 학교하고 학원 생활에 흥미를 잃고 공부도 영 못하고, 고민이 돼서요."

　"학원은 왜 힘들어 하나요?"

　"일단 학원 수업을 못 따라갑니다. 학교도 마찬가지고요. 애들하고도 사이가 안 좋아요. 그래서 학원도 그만두었습니다."

　"공부는 기초가 부족한 편인가요?"

　"네, 무슨 얘기를 하는지 통 못 알아듣겠다고 하는군요."

"아이는 어떻게 하겠다고 하나요?"

"학원은 안 다니고 혼자 하겠다고 하는군요. 힘들다고……."

그래서 여러 가지 방법을 찾던 중 학습코칭을 진행하게 됐다.

부모님과 상담을 마치고 바로 학생을 만나게 되었다. 은석이는 중학생답지 않은 작은 키에 똘망똘망한 개구쟁이 모습이었다.

"너는 키가 좀 작은 편이구나. 선생님도 학교 다닐 때 키가 작아서 엄청 고생했었단다. 애들이 놀리기도 하고……. 넌 어때?"

"지금은 그렇게 작아 보이지 않는데……, 정말이세요?"

"그럼. 지금 너보다도 더 작았어. 애들은 그런 날 땅콩이라고 불렀고 어떤 선생님은 귀엽다고까지 했다니까. 난 귀엽다는 말이 정말 싫었어."

"네, 맞아요. 저도 그것 때문에 힘들어요."

"공부는 어때? 아빠가 걱정 많이 하시던데……."

"절 좀 내버려두셨으면 좋겠어요."

"선생님도 학생 때 아버지가 공부 땜에 엄청 혼내셨지. 공부 안 하면 잘못된다고. 꼭 좋은 대학에 가야 한다면서…… 매 맞은 적도 있어."

"아, 부모님은 다들 그런가 봐요."

"지금은 이해가 되는데 그땐 솔직히 이해를 못 했어. 내가 미워서 그러는가 보다, 그런 생각도 했었으니까."

"전 공부라는 게 아예 없어졌으면 좋겠어요. 솔직히 학교생활도 너무 힘들고."

은석이는 여러 가지 이유로 학습에서 멀어져 가고 있었다. 공부도 힘들고 아이들과 원만한 관계를 맺는 것도 힘들다고 했다. 또 부모님의 기대치가 상당히 높은 편인데 거기에 부응하지 못하는 자신의 모습 때문에 고민이 많았다.

"아까 보니까 아빠가 공부 때문에 신경을 많이 쓰시던데……, 아빠랑 많이 대화하니?"

"아니요, 대화하는 거 싫어요. 아빠는 늘 제가 잘못한 거에 대해서만 말씀하시니까……."

"나도 어렸을 때 아빠랑 대화가 거의 없었어. 일방적이었지. 공부 안 한다고 매일 혼내기만 하고 한 번도 내 고민에 대해서 진지하게 들어주지 않는 것 같았어. 정말 이해가 안 됐지."

"도대체 어른들은 왜 그럴까요?"

"아마도 여유가 없어서 그럴 거야. 너무 바쁘거든. 책임감 때문에……. 가족을 지키고 잘 이끌어야 한다는 책임감……. 순간 잘못 판단하거나 실수를 하면 가족들이 피해를 바로 입거든. 예를 들어 사기를 당했다거나 그러면 가족들이 금방 거리로 쫓겨날 수도 있지. 넌 아직 학생이라 세상을 다 경험해보지 못해서 얼른 이해가 되지 않을 수도 있지만 차차 알게 될 거야. 너도 이제 중학생이 되었으니 네 행동에 대해선 어느 정도 책임을 질 줄 알아야겠지?"

"그래도 저는 빨리 어른이 되었으면 좋겠어요. 공부 안 해도 되고 시험도 안 보잖아요."

"정말 그럴까? 혹시 어른이 되고 나서 학생 때보다 더 많은 시험을 치르고 공부도 더 많이 해야 한다는 사실을 알고 있니?"

"정말요? 전 이해가 안 되는데요?"

"그래, 그렇기도 하겠지. 하지만 사실이야. 학교에서는 시험 범위가 다 정해져 있지. 날짜도 미리 알려주고……. 뭐가 나오는지는 문제집을 보면 대충 다 알 수 있어. 네가 미리 그걸 여러 번 정리하고 풀어본다면 충분히 좋은 성적을 받을 수도 있지. 그런데 어른들의 세상은 말이야, 꼭 그렇지는 않아. 절대 미리 시험문제를 가르쳐주지도 않고 날짜를 알려주는 법도 없어. 그게 세상이야. 진짜 세상."

"자격증 시험은 미리 알려주지 않나요?"

"물론 자격증 시험이나 승진 시험, 공무원 시험 이런 건 미리 알려주지. 하지만 그 외에 부딪히는 여러 가지 일들은 미리 알려주는 법이 없어. 음식점을 열었다고 했을 때 손님을 많이 끌어오고 식당을 운영하고 종업원을 고르고 하는 모든 문제를 전부 스스로 해결해야 하는데, 몇 번 실수라도 하는 날에는 심각한 적자를 내며 문을 닫아야 하는 상황이 벌어질 수도 있지."

"그게 시험이에요?"

"그렇지. 문제도 날짜도 알 수 없는 시험을 매일 치르는 게 진짜 세상이야. 아직 학교는 진짜 세상이 아니지. 선생님이 계시니까 문제가 생겼을 때 선생님께 말씀드리면 어느 정도는 다 해결이 되지. 하지만 세상에서는 물어보는데도 다 돈이 든단다. 쉽게 가르쳐주지도 않고. 하지만 네가 지금 하기 싫어하는 공부를 열심히 하면 세상에서의 진짜 시험을 수월하게 헤쳐나갈 수 있지. 네가 지금 공부를 하는 것은 학교에 영원히 남기 위해서 하는 건 아니잖아?"

"그렇죠. 세상에 나가기 위해서죠."

"맞아, 세상으로 나가기 위해서, 어른이 되기 위해서 하는 거야. 미리 준비를 착실하게 해놓지 않으면 많은 어려움이 닥칠 테니까."

어린 새가 열심히 날갯짓하여 창공으로 날아가듯 지금 학생들은 날 갯짓을 공부라는 도구를 가지고 열심히 배우고 있다. 하지만 하늘을 날아보지 못한 새가 세상의 무서움을 모르듯 학생들도 지금 그렇다. 자신의 문제가 제일 크고 중요하며 자기에게 주어진 숙제들이 무겁게 느껴지기만 한다.

"그래서 어른들이 그렇게 공부하라고 하는 거야. 그리고 적어도 날 짜와 범위를 알려주는 시험은 누구나 준비만 잘한다면 어느 정도의 성 과를 낼 수 있지. 나는 네가 그렇게 할 수 있도록 도울 거야. 괜찮지?"

"네, 그럼 앞으로 어떻게 하는 건가요?"

"공부를 잘하기 위해서는 공부습관이 중요해. 특히 매일 조금씩 빠 지지 않고 해나가는 것이 중요하지. 난 네가 그렇게 해나갈 수 있도록 도울 거야. 알았지?"

"네, 그럼 다음 시간에 준비할 것을 알려주세요."

다음 시간을 기약하며 그날은 간단하게 수업을 마쳤다.

두 번째 수업 시간.

수업을 시작하면서 은석이에게 물었다.

"우등생들에게 공부를 잘하려면 무엇을 해야 하느냐고 물었더니 뭐라고 답했는지 아니? 세 가지를 얘기했는데 한번 말해봐."

"에이, 저도 알아요. 예습, 복습, 수업에 집중. 맞죠?"

은석이는 자랑스럽게 답했다.

"그러면 오늘 수업에 집중했어?"

"네, 열심히 집중했습니다."

"그래? 그럼 오늘 학교 수업 시간에 공부한 거 기억을 되살려 노트에 적어볼까?"

"아, 잘 기억이 안 나는데요? 이상하네. 진짜 생각이 안 나요."

괴로운 표정을 지으며 고개를 갸웃거렸다.

"그래? 그러면 시간표부터 적어볼까? 1교시에 무슨 과목이었지?"

은석이는 계속 생각을 하더니 마침내 기억해냈다.

"도덕, 도덕이었어요."

"그래, 그럼 그 시간에 뭘 배웠지? 그걸 적어봐."

"정말 모르겠어요. 하나도 생각이 안 나요."

은석이는 괴롭다는 듯, 답답해하는 표정이었다.

"뭐, 기억나는 단어도 없니?"

"네, 없어요."

"그러면 선생님 옷 색깔이나 헤어스타일 특이한 거 뭐 없었어?"

"아, 검은색 옷을 입고 오셨어요."

"오, 그래? 그럼 그걸 적으면 되겠네."

"공부하고 상관없는데 그런 것도 적어요?"

"별 상관은 없지만 전혀 없다고 할 수도 없지. 그런 게 연결이 돼서 생각이 나고 기억에 도움을 주니까. 우리가 공부할 때는 학습한 내용만 기억되는 게 아니라 그 시간에 일어난 일들이나 특이한 경험, 음색, 냄새 등도 같이 머리에 저장되는 거거든. 선생님 옷도 그런 의미에서 기억에 도움을 주지. 앞으로는 수업 시간에 있었던 갖가지 것들을 다 기억해보도록 해."

그렇게 매시간 우리는 만날 때마다 그날 학교에서 수업한 내용을 적어보고 말해보았다. 횟수가 늘어날수록 은석이는 더 많은 것을 기억하기 위해 수업에 집중했고 더 많은 것을 적고 더 많은 것을 말했다. 그러면서 학교 수업의 집중도도 좋아졌다.

수업 시간에 집중하는 게 중요하다는 걸 은석이도 알고 있었지만 어떻게 집중하는지 방법을 모르고 있었기 때문에 이런 수업을 통해 집중을 잘 할 수 있도록 이끌어주었다.

세 번째 수업 시간.

은석이가 고민 한 가지를 얘기했다.

"선생님, 저 공부가 힘들어서 고민이에요."

"어떤 과목이 어떻게 어렵지?"

"중학교에 와서 다 어렵긴 한데요. 특히 영어가 어려워요."

"그래? 너, 영어 울렁증 있구나?"

"저는 울렁증을 넘어 공포증이 있습니다."

"그래? 뭐가 그렇게 어려워?"

"수업 시간에 문법을 설명해주시는데 하나도 못 알아듣겠어요."

"초등학교 때는 어땠어?"

"초등학교 때는 그런대로 재미있고 어렵다는 생각은 안 했는데요, 중학교 와서 갑자기 어려워졌어요."

"학원도 다녔잖아? 학원은 어땠어?"

"학원은 더 어려웠어요. 단어도 학교에서 배우는 것보다 어렵고. 그래서 학원도 안 다니고 있고, 학교도 어렵고 해서 영어는 포기한 상태예요."

"하지만 얘기하는 걸 보니 완전히 포기한 것 같지는 않은데?"

"네, 선생님이 좋은 방법 좀 알려주세요."

"그래, 영어 때문에 고민이 많구나. 그런데 너는 우리말은 문법을 몰라도 잘하네. 문법을 몰라도 영어를 잘하는 방법이 있는데 한번 해볼래?"

"에이, 문법을 알아야지, 어떻게 문법을 모르는데 영어를 잘해요?"

"물론 문법을 잘 알아야 해. 하지만 영어도 말이기 때문에 자주 사용하면 언어의 규칙이 나도 모르게 몸에 배게 되지. 너도 우리말 배울 때 엄마한테 문법부터 배운 건 아니잖아. 그러니까 넌 지금 사용 횟수를 우선 늘려야 하는 거야. 교과서를 더 많이 반복해서 읽을 필요가 있다는 얘기지."

"책을 얼마나 읽으면 돼요?"

은석이는 과연 그게 가능할까, 하는 표정으로 물었다.

"책을 매일 읽고 또 한 번씩 써야 해. 우선 제대로 읽는 것이 중요하고 그걸 옮겨 적으면서 단어나 어순을 정확하게 익힐 필요가 있어. 일단 네가 지금 영어를 너무 어려워하니까 학습량을 많이 하는 것보다는 할 때 제대로 하는 것이 중요해."

"아이, 귀찮은데……."

"당연하지. 안 하던 걸 새로 하려니 귀찮기도 하겠지. 그런데 이거 안 하면 엄마가 학원에 보내실 텐데 학원 가서 숙제하는 게 더 좋아?"

"아뇨, 일단 해볼게요. 어떻게 하면 돼요?"

은석이는 학원으로 다시 가고 싶지는 않다고 했다.

"우선 본문을 읽을 수 있어야 해. 읽는 건 내가 도와줄게. 그리고 읽게 되면 그 과(lesson)의 본문을 매일 한 번씩 쓰는 거야. 쓰면서 집중이 많이 되고 단어를 정확하게 쓰는 힘이 길러지지. 이걸 학교 수업 진도와 함께 계속하는 거야. 4과를 하면 4과를, 5과를 하면 5과를 읽고 쓰는 거지. 물론 중간에 지난 과를 읽거나 쓰게 될 수도 있어. 그건 내가 가르쳐줄게."

"그럼 오늘은 4과를 읽어야겠네요."

"그렇지, 한 번 읽어봐. 틀려도 좋으니 크게 읽어봐. 우선 모르는 단어는 인터넷에서 발음을 찾아보자."

그렇게 영어 읽기 코칭이 진행되었다. 은석이는 매일 읽고 쓰기를 반복하였다. 그러던 어느 날 은석이가 이렇게 말했다.

"선생님, 그런데 단어도 좀 외워야겠어요."

"왜?"

"자꾸 읽다 보니까 뜻도 궁금하고요. 조금씩 해석이 되는 것 같아서요."

"그래, 그럼 오늘부터는 단어 테스트를 좀 해볼까? 10분 동안 시간을 줄 테니 단어를 외워보도록 해."

은석이는 교과서를 여러 번 읽은 뒤에 자습서를 가지고 단어 테스트를 진행했다. 은석이는 매일 정해진 분량을 반복적으로 공부하며 영어에 대한 자신감을 회복했다.

중하위권 학생들은 총체적 부실 상태인 경우가 대부분이다. 많이 뒤처진 상태라 뒤진 부분을 보충하는 데도 시간이 걸리고 공부습관이 형성되지 않아 막상 책상 앞에 앉으면 힘들어하는 이중고에 시달린다. 그러므로 이런 상황에 있는 학생들은 분량을 많이 하기보다는 적은 분량이라도 매일 꾸준히 해나가면서 정확하게 익혀나가는 것이 좋다.

이렇게 공부하던 은석이가 어느 날 한 가지 생각을 얘기했다.

"선생님, 근데 자꾸 쓰다 보니까 조금씩 외워지는 것 같아요."

"그래? 그럼 우리 교과서를 조금만 외워볼까?"

"예? 외우는 건 힘든데요?"

"겁낼 것 없어. 지금 다 외우는 게 아니고, 조금씩 나눠서 하면 돼. 오늘은 일단 세 줄만 외워볼까? 먼저 첫 줄을 외우고, 그다음에 두 번째 문장을 외우고, 그다음엔 첫 번째, 두 번째 문장을 한꺼번에 외우는 거야. 그리고 세 번째 문장을 외운 다음 첫 문장부터 세 번째 문장까지

쭉 외우면 돼. 그렇게 되면 첫 번째 문장은 몇 번 외우게 될까?"

"세 번 외우게 되는 거 아닌가요?"

"맞아, 그럼 이제 해보자!"

은석이는 이미 여러 번 읽고 쓰기를 했기 때문에 세 문장을 외우는 것은 어렵지 않았다. 그리고 시간 날 때마다 매일 한두 문장씩 외운 덕분에 자연스럽게 본문 대부분을 외울 수 있었다. 스스로 성취감을 느끼며 학습 동기가 많이 향상되었고 시험 성적이 오른 것도 당연한 결과였다. 그리고 이러한 자신감을 바탕으로 다른 과목도 충실하게 해나갈 수 있었다.

만약 은석이에게 처음부터 단어 시험과 본문 암기를 시켰다면 은석이는 영어공부를 하려고 하지 않았을 것이다. 교과서를 여러 번 소리 내 읽거나 천천히 이해하면서 읽어나갔고 본문을 베껴 쓰면서 내용에 익숙해졌기 때문에 반복하면서 내용에 대한 이해도가 올라가서 재미를 느낄 수 있었다. 그런 후에 중요한 문장들을 암기하면서 이해되지 않던 문법이 이해되고 새로운 깨달음을 얻을 수 있었다.

공부가 어려운 학생은 한 과목을 정해서 교과서 천천히 읽기로 시작해보자. 그 과목을 잘하고 나면 다른 과목을 잘 해나갈 수 있다.

🗣 문해력 학습법 tips ▶

① 배운 내용을 기억해보면 수업에서 더 잘 배울 수 있다.

② 공부의 시작은 교과서 읽기부터다.

③ 반복해서 읽으면 이해도가 올라가 공부의 재미를 느낄 수 있다.

수학 문제가 무슨 말인지
모르겠어요

반에서 꼴찌를 다투던 중학교 1학년 영만이가 있었다. 영만이는 바둑을 굉장히 좋아하는 학생인데, 초등학교 때까지 바둑학원만 열심히 다닌 결과, 학교 성적은 저조한 편이었다. 그런데 막상 중학교에 올라가서 자신의 실력을 확인하고는 스스로 바둑학원을 그만두고, 성적을 올리기 위해 학원에 다니게 되었다. 하지만 워낙 기초가 약한 탓에 학원을 다니면서 너무 힘들다고 엄마에게 고통을 호소하였다. 영만이는 학원 수업을 따라가기에 너무 준비가 안 되어 있었다. 그래서 학습코칭을 의뢰했고 나와 함께 수업을 진행하게 되었다.

영만이는 잘하는 과목이 없었다. 원래 코칭을 할 때 학생이 조금 잘하는 과목이나 성과를 올릴 수 있는 과목을 선택하는데 영만이는 자신 있는 과목이 하나도 없었다.

"저는 자신 있는 과목이 하나도 없어요."

"그래도 그중에서 한 과목만 선택해볼까?"

"저는 수학이 재미있으니까 수학부터 했으면 좋겠어요."

의외의 제안이기는 했지만 나는 영만이가 하자는 대로 수학부터 해보기로 했다.

하지만 첫날부터 수업은 벽에 부딪혔다. 영만이가 그날 수업 시간에 배운 내용을 복습하고 문제를 풀겠다고 해서 그렇게 하라고 하였더니 문제를 풀기 시작한 지 오래지 않아 괴로운 표정으로 문제집을 바라보고 있었다.

"왜, 무슨 어려운 점이라도 있니?"

"네, 선생님. 도대체 문제가 무슨 말인지 모르겠어요."

표정을 보니 정말 답답해 미칠 것 같다는 인상이었다.

"그래, 뭐가 문제인지 좀 볼까?"

문제는 간단한 수식으로 이뤄져 있었지만 기호가 많이 들어가 있었고, 문제에서 답으로 골라야 할 번호마다 기호가 가득 차 있어 영만이가 문제를 어려워하는 것 같았다.

"영만아, 지금 문제에서는 뭘 묻고 있는지, 무엇을 해결하라고 한 건지 나한테 설명해줄래?"

"그러니까요, 선생님. 제가 그걸 모르겠어요."

자신의 가슴을 치면서 곧 울음이 터질 것 같은 영만이를 먼저 달래주었다.

"오케이, 자, 천천히 생각해보자. 일단 문제가 있는 부분의 앞장으로 가면 거기 기본 개념이 있지? 네가 아직 그게 이해가 덜 돼서 그런 거야. 먼저 그 부분을 천천히 읽고, 이해를 한 다음에 문제를 풀면 어렵지 않게 풀 수 있을 거야. 개념 정리로 가보자."

영만이는 일단 개념 정리로 갔다. 그러더니 "그냥 읽어요?"라고 물었다.

"응, 당연히 읽어야지. 그런데 읽는 데도 방법이 있어. 일단 천천히 읽어야 해. 천천히 읽으면서 이게 무슨 뜻일까, 하고 생각하면서 읽는 거야. 꼭 이해해야지, 하는 마음으로. 그리고 읽은 다음에는 그게 무슨 의미인지 자신에게 설명을 해봐. 그런 다음에 노트에 개념을 적어보는 거야. 자, 시작해볼까?"

영만이는 천천히 읽기 시작했고, 다 읽은 다음 입으로 중얼거리면서 설명을 했다. 그런 다음 노트에 개념을 적었다. 그런데 적은 내용이 책의 내용과 비교해서 많이 부족했다. 그래서 "책에 있는 내용과 네가 적은 내용을 비교해볼까? 부족한 부분이 왜 생겼는지 생각해봐."라고 하였다.

영만이는 "선생님, 한 번 더 해볼게요."라고 했다.

"그래, 한 번 더 천천히 읽고 써보면 훨씬 이해가 잘 될 거야. 이번에는 아까보다 더 천천히 읽어봐."라고 격려를 해주니 더 열심히 책을 읽었다. 그렇게 다시 읽고 나서 써보기를 하니 훨씬 더 잘 정리를 하였다. 정리된 내용을 보니 개념을 잘 이해한 것 같았다.

그래서 "그럼 이제 아까 그 문제를 다시 풀어볼까?"라고 제안했다. 영만이는 문제를 보더니 '아, 알겠다.' 하는 표정으로 풀어나갔다. 결국 문제를 잘 해결하고 편안한 표정이 되었다.

"자, 아까는 이 문제가 어려웠는데 이번에는 어떻게 해서 쉽게 풀게 되었지?"

"아까는 개념이 이해가 안 된 상태에서 문제를 푸니까 무슨 말인지 몰라서 어려웠고요. 나중에는 천천히 개념을 읽고 써보고 하니까 이해가 잘돼서, 문제가 무슨 뜻인지 알게 됐어요."

"그래, 그런데 아까는 왜 문제부터 풀었지?"

"수학을 잘하려면 문제를 많이 풀어야 한다고 하더라고요. 그래서 문제를 많이 풀려고 했는데, 쉽지 않네요."

"그럼 이제 앞으로는 어떤 방법으로 수학을 공부할 거지?"

"네, 우선 책을 읽고 읽은 내용을 노트에 정리해서 확실히 이해한 다음, 문제를 풀어야겠어요."

"음, 좋은 생각이야. 수학을 잘하기 위해서는 문제를 많이 풀어봐야 한다는 말이 틀린 말은 아니야. 당연히 앞으로도 문제를 많이 풀어보는 것이 좋을 거야. 하지만 먼저 충분히 교과서나 자습서의 개념을 읽고, 이해한 다음에 해야겠지? 오늘 중요한 사실을 하나 알게 됐구나."

그다음부터 영만이는 교과서의 개념을 먼저 이해하기 위해 세 번정도 천천히 읽고, 정리한 다음에 문제를 풀게 되었다. 연습 문제를 풀고 나서도 교과서와 자습서의 개념 정리를 한 번씩 읽곤 했는데, 문제를 풀고 나서 책을 읽게 되면 이해가 더 잘된다고 하였다. 또 연습 문제도 교과서의 본문처럼 여러 번 읽었다. 덕분에 수학에 재미를 붙이고 자신감을 갖게 됐다.

실제로 〈개념정리 노트를 활용한 쓰기 활동 수업이 고등학생의 학업 성취도와 수학적 태도 및 성향에 미치는 효과〉(김은희, 2012)와 〈수학 노트를 활용한 쓰기 활동이 수학 학습에 미치는 효과〉(안지민, 2012) 등의 논문을 보더라도 수학 학습에서 '쓰기' 활동이 학생들의 학습 동기와 학업 성취도에 긍정적인 영향을 미치게 됨을 알 수 있다.

따라서 공부할 때 문제 푸는 시간만 가질 것이 아니라 개념을 천천히 읽고 그것을 적어보는 '쓰기 활동' 시간을 갖는다면 학습에 대한 흥미와 재미가 더 높아지게 될 것이다. 학교 수업이 끝나고 쉬는 시간 3분 정도를 쓰기에 활용하면 학습효과를 극대화할 수 있다.

영만이는 공부를 잘하고 싶은 마음이 있었지만 의욕에 비해 기초가 약하고 실력을 쌓을 방법을 모르고 있었다. 마음은 조급한데 생각만큼 성과가 나오지 않자 답답해했다. 이럴 때는 마음을 가라앉히고 교과서나 자습서의 한 페이지를 찾아서 천천히 여러 번 읽고 써보는 것이 좋다. 수학도 천천히 읽는 방법을 통해서 내용을 잘 이해하게 되면 문제를 잘 풀 수 있게 된다.

영만이처럼 개념에 대한 충분한 이해 없이 무턱대고 수학 문제만 많이 풀다 보면 오래지 않아 흥미가 떨어지고 문제를 잘 풀어내지 못해 학습 동기가 떨어지고 만다.

> ### 🧠 문해력 학습법 tips
>
> ① 수학도 천천히 읽기를 통해 개념을 잘 이해하면 학습에 흥미가 올라
> 간다.
> ② 문제를 많이 푸는 것보다 정확한 이해가 우선이다.
> ③ '쓰기' 활동은 학습 동기와 학업 성취도에 긍정적인 영향을 미친다.

선생님이 싫어서 수업에
집중이 안 돼요

영어와 수학 학원에 다니는 중2 현식이는 2학기를 맞아 분주했다. 명문고 진학을 목표로 하고 있는데 생각만큼 성적이 향상되지 않아 고민이 많았다. 하지만 현식이를 바라보는 어머니의 마음은 답답하기만 했다. 현식이가 계획성도 없는 것 같고, 공부에 집중 못 하는 것도 마음에 들지 않기 때문이다. 현식이는 학원에서 내주는 영어, 수학 숙제와 학교 선생님이 내주는 숙제를 하다 보면 시간이 빠듯함을 느꼈다. 숙제만 하면서 하루를 보내는 것 같았다. 나는 현식에게 숙제에 관해 물었다.

"현식아, 숙제하는 거 어때? 힘들지 않아?"

"네, 힘들어요. 숙제하고 나면 하루가 다 가요. 밤 12시 넘어서 잘 때도 많은데, 그래서 그런지 학교에선 졸릴 때가 많아요."

숙제를 내주는 이유는 복습을 하고 더 깊이 있는 공부를 하도록 유도하기 위해서다. 당연히 숙제를 잘하면 반복 효과가 있어서 공부의 집중도를 더 높여갈 수 있다. 하지만 그 분량이 너무 많으면 학생은 그것을 공부로 받아들이지 않고 학습 노동으로 받아들이게 된다. 그렇게 되면 바라던 공부 효과는 감소하고 만다. 선생님이 공부의 전문가일 것 같지만 역설적으로 공부의 전문가는 학생 자신이다. 자기가 감당해야 할 하루의 학습 분량이 어느 정도인지 아는 사람은 학생 자신밖에 없기 때문이다.

학원이나 과외 선생님은 학생이 자기 과목의 공부를 잘 하게 하려고 숙제를 많이 내주는데 그렇게 각 과목의 숙제를 학교와 학원에서 받은 학생들은 그 무게를 감당하지 못해 숙제를 안 해 가는 경우가 발생하기도 한다.

학생이 공부할 때 약간의 여유를 느낄 정도로 해야 지치지 않고 계속해 나갈 수 있다. 실제 학습코칭을 받은 학생 중에 전보다 적은 양의 학습을 하였음에도 오히려 성적은 오르는 경우를 많이 보았다.

현식이의 고민은 또 있었다. 그것은 사회 수업이 정말 싫고 공부하기도 힘들다는 것이었다. 이유는 사회 선생님의 수업 방식이 마음에 들지 않기 때문인데, 칠판에 판서를 많이 해서 그 내용을 적게 하고 그것을 다시 읽어주는 정도고 설명도 별로 없기 때문이다. 그래서 그 시간이 무료하고 졸린다고 했다.

"다른 애들도 사회 수업이 재미없대요."

"그럼 너희 반 애들은 다 사회 점수가 안 좋겠네?"

"아뇨, 그렇진 않아요."

"그래? 100점 맞는 애도 있어?"

"네, 있어요."

"그럼 걔는 사회 시간이 재미있나 보네?"

"아뇨, 걔도 재미없대요."

"그래? 그럼 현식이도 다른 해결책을 찾아봐야겠는데? 난 걔가 사회 수업 시간이 정말 재미있어서 100점을 맞는 줄 알았어."

상황을 바꾸려 하지 말고 상황을 대하는 태도를 바꾸라는 말이 있다. 사회 선생님의 수업 방식은 당장 바꿀 수 없는 부분이다. 하지만 수업 시간을 어떻게 활용할지는 현식이의 태도에 달려 있다.

우리는 상황을 대하는 태도를 바꾸기로 하였다. 그래서 나름대로 공부 원칙을 정했다. 일단 사회 수업 전날 배울 내용을 미리 세 번 정도 읽어보고 가기로 했다. 그리고 수업 시간에 노트 필기한 내용을 중심으로 요약정리를 하고, 집에 와서 한 번 더 읽어보는 방식으로 공부 패턴을 바꾸었다.

교과서 미리 읽는 방법은 수업할 부분에 해당하는 곳을 여러 번 천천히 읽는 것이었다. 읽기의 핵심은 '천천히'이므로 최대한 천천히 내용을 이해하면서 읽어나갔다. 먼저 모르는 낱말은 뜻을 찾아 교과서에 메모했다. 그런 다음 몇 번에 걸쳐 천천히 읽었다. 교과서를 읽은 다음 책을 덮고 내용을 노트에 적어보도록 하였다. '천천히 읽기' 방법은 예습이든 복습이든, 문제 풀 때든 똑같이 활용하라고 했다.

그렇게 한 다음 수업을 들으니 선생님이 재미없게 강의를 해도 중요한 내용이 보이고 궁금한 부분은 체크하면서 몰입도가 올라가 수업이 재미있어졌다고 했다.

"오늘 사회 수업은 어땠어? 또 재미없었어?"

"그렇지는 않았어요. 가만히 들어보니까 선생님 말씀에 도움 되는 내용이 많이 있더라고요. 궁금했던 것도 설명을 들으니까 이해가 잘 됐어요."

덕분에 현식이는 수업에 집중할 수 있었고, 예습의 중요성과 방법에 대해서도 알게 됐다. 오래지 않아 기말고사가 다가왔다. 현식이가 열심히 사회 문제집을 풀고 있었다. 푸는 걸 보니까 푸는 속도가 빨랐다.

"문제 푸는 속도가 아주 빠른 것 같네!"

"네, 교과서를 다 읽고 풀었더니 답이 보여요."

"지난번에는 교과서를 안 보고 풀었니?"

"네, 문제집부터 풀었는데 이해가 잘 안 되더라고요."

많은 학생이 내용을 충분하게 이해하지 않은 상태에서 문제부터 푸는 실수를 되풀이한다. 또 교과서나 자습서를 읽을 때 천천히 반복해서 읽지 않고, 한두 번 대충 읽고 만다. 공부를 대충 하는 습관, 대충 아는데 넘어가는 습관은 공부에 흥미를 떨어뜨리고 공부를 못하게 만드는 지름길이다. 많이 공부하는 것보다 정확히 알고 넘어가는 것이 중요하다.

노벨상을 받은 퀴리 부인의 딸도 훗날 노벨상을 받았는데, 어머니 마리 퀴리는 딸이 어렸을 때 직접 공부를 가르쳤다. 그때 그녀는 딸에게 이렇게 말했다고 한다.

"공부는 양을 적게 하되, 대신 끝까지 파고들어야 한다. 제대로 알지 못한 채 넘어가서는 절대 안 되는 거란다."

제대로 아는 것이 학습 동기를 강화하는 지름길이다. 대충 알고 넘어가는 것은 학습 동기를 떨어뜨린다. 예습과 복습은 제대로 알게 해서, 학습 동기를 강화한다.

🧠 문해력 학습법 tips

① 제대로 알고 넘어가면 학습 동기가 강화된다.

② 예습을 하면 수업의 집중도가 좋아지고 학습 의욕이 올라간다.

③ 대충 알고 넘어가는 습관은 학습 동기를 떨어뜨린다.

공부 일지 적고
뭐가 문제인지 알게 됐어요

민승이는 중학교 2학년으로 성적은 중간 정도인데 성격이 내성적이고 자기표현을 잘 하지 않는 편이었다. 여느 청소년들처럼 부모님과는 조금은 멀리하고 싶은 한창 사춘기의 소년이었다. 하지만 꿈을 키우고 있고 자신의 미래에 대한 궁금증은 많은 편이었다. 그런데 부모님이 보기엔 문제도 많고, 아무 생각 없이 하루하루를 보내고 있는 것처럼 보여서 불안하기 짝이 없었다.

부모님 모두 직장에 다니시고 낮에는 할머니가 집에 계신다. 학교에 갔다 오면 할머니께서 반겨주시긴 하지만 민승이가 잘못하는 부분에 대해서 엄마에게 알리는 바람에 엄청 신경이 쓰여, 집에 와서는 되도록 자기 방에서만 지낸다.

　민승이 어머니는 직장 때문에 아이와 대화할 시간도 부족하고 나이가 들면서 자꾸 까칠해지는 민승이 때문에 어떻게 할까 고민하다가 학습코칭을 의뢰하게 됐다고 한다. 엄마가 자녀에게 뭔가 도움을 주고 좋은 얘기를 많이 해주려고 하는데 아들의 반응은 신통치 않고 영 별로인 듯했다. 상담하는 날부터 작은 신경전이 시작되었다.

　민승이 어머니와 대화를 나눈 뒤 민승이와 따로 상담을 진행했다. 그런데 민승이 어머니는 대화 내용이 무척 궁금한지 음료수를 가져다 놓더니 옆에서 나갈 생각을 하지 않았다. 엄마 입장에서는 궁금해서 그랬을 수 있지만, 민승이는 난감하고 대답하기가 꺼려져 편안한 수업을 하기 어려웠다. 그날은 그냥 그렇게 지나갔다.

　그런데 그다음 주 수업 때도 민승이 어머니는 조용히 있을 테니 수업하는 걸 참관하게 해달라고 했다.

　"민승이가 무슨 생각을 하는지 도대체 알 수가 없어서 궁금하기도 하고요. 선생님이 무슨 말씀을 해주는지 알고 싶어서 그래요. 저 정말 조용히 있을게요."

　민승이가 싫은 표정을 지었지만 엄마는 절대 나갈 것 같지 않았다. 그래서 나는 웃으면서 "그럼 진짜 조용히 계시고, 말씀하시거나 참견하시면 안 됩니다."라고 했다.

　일단 첫 수업을 시작했다. 지난 상담 시간에 나온 얘기를 바탕으로 민승이의 공부 방법에 관해 얘기를 나눴다. 민승이는 집에 와서 공부를 계획을 세워 하는 게 아니라 닥치는 대로, 그날 생각나는 대로 하고 있었다.

"민승아, 네가 공부하는 양과 과목별 공부 스타일을 알아야 앞으로 어떻게 해야 효율적으로 공부할 수 있는지 알 수 있으니까 이제부터 공부 일기를 써보는 게 어떨까?"

"전, 쓰는 거 귀찮은데요."

"뭘 많이 쓰는 게 아니고, 네가 그날 공부한 과목과 페이지만 적으면 돼. 가령 영어 교과서 3과 본문 47~50페이지 2번 읽음. 수학 ○○ 문제집 37~38페이지 문제 풀이. 이런 식으로 매일 어느 정도 공부했는지 보려는 거야. 그리고 일주일 뒤에 네가 얼마나 공부했는지 돌아보고, 앞으로 공부를 어떻게 해야 하는지 계획을 세우는 데도 참고하려고 하는 거야. 무턱대고 공부만 한다고 해서 좋은 성과가 나오는 건 아니잖아?"

"네, 알겠어요. 해볼게요."

"그래, 노트는 아무거나 해도 괜찮아. 깨끗한 공책이면 돼."

그로부터 사흘 뒤 새벽 1시, 잠자리에 들려는데 갑자기 문자가 왔다.

〈샘, 민승이 전혀 변화 없음. 공부 일기 기록하지 않음〉이라는 내용이었다. 엄마가 민승이랑 같이 수업을 들었기 때문에 당연히 공부 일기를 기록하는지 궁금했을 것이다. 그래서 자녀가 자는 시간에 몰래 점검을 해본 것이다. 그런데 자녀가 일지를 안 쓰고 있다는 사실을 확인한 엄마는 급한 마음에 그렇게 문자를 보낸 것이다.

다음날, 민승이 어머니께 전화를 드렸다.

"어머니, 너무 걱정하지 마세요. 아이 학습량을 측정해보려고 하는 거니까요. 만약에 안 썼으면 책을 가지고 확인하면 돼요. 일주일 치니까 양이 많지 않아서 확인하기 어렵지 않습니다."

"근데, 얘가 왜 그렇게 말을 안 듣죠? 그거 쓰면 좋을 텐데……."

"네, 다른 애들도 그래요. 문제가 있는 건 아니고요. 안 해봤으니까 귀찮을 수도 있죠."

다음 수업 시간.

민승이를 만났다. 민승이의 책상 위에는 낯선 노트 한 권이 놓여 있었다.

"이게 무슨 노트야?"

"공부한 것 적으라고 하셔서 적은 거예요."

노트를 펴보니 매일 공부한 과목과 분량을 잘 적어놓았다. 민승이는 공부 일기를 나름대로 매일매일 적었다. 그런데 엄마는 왜 노트를 발견하지 못했을까? 엄마가 몰래 자기 방에 들어와 공책을 확인할 것을 예측한 민승이가 다른 데다 숨겨놨으니 엄마가 못 찾을 수밖에 없었던 것이다.

그다음 주도 민승이는 계속해서 공부 일기를 적어나갔다. 나는 공부 일기를 적어보니 무슨 생각이 드는지 물었다.

"공부 일기를 적어보니까 제가 생각보다 공부를 많이 안 하더라고요. 그리고 공부하는 과목이 정해져 있어요. 안 하는 과목은 계속 안

하게 돼서 문제인 것 같아요. 그리고 시험을 준비하는 기간이 너무 짧은 것 같아요."

민승이는 자기가 생각하는 자신의 문제를 조목조목 얘기했다. 이 과정을 거치면서 학습의 집중도와 태도가 많이 좋아졌다. 스스로 자신의 학습시간과 양이 부족하다고 생각했기 때문에 좀 더 공부 시간을 늘렸다. 공부 시간이 편중됐던 과목도 골고루 시간을 나눠서 공부했다.

민승이가 본격적으로 공부를 하기 시작하자, '천천히 제대로 읽기(3SR2E)'를 통해 교과서와 자습서를 제대로 읽을 수 있도록 지도했다. 민승이는 가르쳐준 방법대로 잘 따라 하고 혼자서 공부할 때도 그 방식대로 공부하며 공부에 집중을 더 잘하게 됐다.

민승이는 이제 부모님을 위한 공부가 아니라 자신을 위한 공부를 하게 됐다. 자연히 그러한 태도와 모습을 본 엄마, 아빠의 간섭도 줄어들었다. 칭찬이 없던 아빠에게 처음으로 "이제, 제대로 공부하는 것 같구나."라는 칭찬도 받았다. 덕분에 자신감도 회복할 수 있었다.

학생이 공부를 잘하기 위해서는 스스로 돌아보는 시간이 필요하다. 그리고 그 과정에서 반성을 통한 새로운 다짐과 계획을 한다면 스스로 공부하는 힘을 키울 수 있을 것이다. 자신을 객관적으로 바라보고 관찰하는 기회를 얻는다면 스스로 자신의 문제점을 발견하고 개선하기 위해 노력하게 된다. 공부 일기를 쓰거나 주간 성찰 일지를 통해 1주일에 한 번 정도는 자신이 잘 하고 있는지 점검하는 시간을 갖자.

① 공부 계획을 세울 때는 학습량을 먼저 측정해봐야 한다.

② 자신을 되돌아볼 기회를 가지면 더 열심히 노력하게 된다.

③ 공부 일기를 쓰면 자신의 문제를 스스로 파악하게 된다.

이제, 공부 방법을
알겠어요

내가 종민이를 처음 만난 건 중학교 2학년 겨울방학 때였다. 처음 소개를 받을 때 나에게 소개해준 분이 "너무 어려운 애를 소개해드려 죄송해요."라고 말했을 정도로 학업에 대한 의지와 자신감이 바닥인 학생이었다.

중학교 때 첫 시험 성적이 너무 안 좋아서 집에 성적표를 보여주지 않자 아버지가 몰래 성적표를 확인하곤 충격을 받았다고 한다. 그래서 아이와 대화를 해야겠다고 생각하고 근처 공원에 앉아 대화를 나누었다고 한다.

"종민아, 아빠는 네가 좋은 성적으로 공부를 엄청 잘하기를 바라지는 않아. 그런데 이건 좀 심한 거 아니니? 중간 정도만 해도 이렇게 실망하지는 않을 텐데, 어떻게 했으면 좋겠니?"

그러자 종민이는 힘겹게 입을 뗐다.

"아빠, 저 정말 공부를 잘하고 싶은데요. 공부를 너무 못해서 20층에서 뛰어내렸으면 좋겠어요."

종민이의 말에 충격을 받은 아빠는 엄마와 상의한 끝에 자녀를 그냥 내버려두기로 하였다. 종민이는 학원도 힘들어서 다니지 않았다. 유일하게 수학학원에 다녔는데 그건 학원 선생님이 종민이를 인간적으로 잘 대해주셨기 때문이다. 수학학원에 다니면서 특별히 수학을 잘하게 되거나 한 건 아니었다. 종민이는 점점 공부와는 멀어지고 있었다. 하지만 뚜렷한 방법을 찾지 못한 채 시간은 계속 흘러만 갔다. 시간의 흐름에 비례해서 종민이의 성적도 점점 내리막을 탔다.

하지만 중3을 앞두고 더 이상 내버려둘 수가 없다고 생각한 엄마는 이것저것을 알아보다가 학습코칭을 의뢰했다. 먼저 학생을 만나보기로 했다. 상담은 집에서 진행했다.

처음 만난 날, 종민이는 거칠게 수업을 거부했다.

"저 아무것도 안 할 거거든요!"

인사가 끝나기도 전에 종민이는 문을 확 닫고 들어가 버렸다.

나는 종민이에게 천천히 물어봤다.

"수업을 안 하려고 하는 특별한 이유라도 있니?"

"저, 공부하고 영어 단어 외우고 그런 거 힘들어서 이제 안 하려고요."

종민이는 학습에 어려움을 느끼고 있었고, 공부하는 걸 힘들어했다. 그래서 어떻게 해서라도 힘든 공부를 피하고 싶었다.

"음, 나하고의 수업은 그런 거 하는 건 아니야. 난 영어 선생님도 아니고 수학을 가르치거나 그러지도 않을 거야. 하지만 나는 많은 학생을 만나고 있고 그 학생들이 뭘 고민하고 원하는지를 알아. 아마 부모님이 해주지 못하는 부분도 내가 해줄 수 있을 거야. 네가 말한 것처럼 나도 학교 다닐 때 엄청 공부를 싫어했어. 그 이유를 지금은 알아."

"그 이유가 뭔데요?"

"그건 말이야, 나도 그때는 몰랐는데 중·고등학교 때 나만의 꿈과 목표가 없었어. 왜 공부를 해야 하는지 잘 모르겠더라고. 그래서 많이 방황하고 짜증도 내고 부모님께 반항하기도 했지."

"선생님도 그럴 때가 있었어요?"

"그럼 아주 심각했다니까. 그래서 요즘은 학생들 만나면서 꿈을 갖자고 얘기하고 있어. 또 같이 꿈을 찾아보자고 얘기하지. 만약 우리가 공부해야 할 확실한 이유가 많이 생긴다면 어려운 공부도 더 잘해나갈 수가 있을 거야. 난 너에게 그 꿈으로 안내할 거고 또 꿈을 이루는 공부를 할 수 있도록 도울 거야. 물론 전에도 학원이나 과외를 통해서 도움을 받기도 했겠지만 나는 너의 속도에 맞출 거고 일방적인 지시나 명령이 아니라 함께하는 동반자가 되어 이끌어줄 거야. 어때, 할 수 있겠지?"

공부를 하지 않는다고 하니, 종민이는 마음이 놓이는 것 같았다.

"네, 그러면 이제 어떻게 해야 하죠?"

"음, 다음 시간에는 내가 PPT 자료를 가져와서 함께 꿈과 목표에 관한 내용을 공부할 거야. 이건 학교에서도 배울 수 없는 내용인데, 난 너의 코치니까 특별히 하는 수업이야. 기대해도 좋아."

"그럼 다음 주까지는 아무것도 안 해도 되나요?"

"왜? 숙제가 없으니까 불안하니? 불안해할 필요는 없어. 숙제가 있으니까. 다음 주까지 네가 잘하는 거나 장점, 강점 이런 걸 생각해봐. 많을수록 좋겠지? 기억이 안 날 수도 있으니 노트에 메모를 해두도록 해."

"숙제가 간단해서 좋네요."

"그렇지? 하지만 열심히 해야 한다."

첫 번째 수업.

일주일 후에 만났을 때 종민이는 자신의 장점을 기록해둔 종이를 내밀었다. 종민이는 무엇보다 축구나 음악, 기타 연주 등 예체능 쪽에서 장점이 발견되고 있었다. 하지만 학교에서는 자신의 그런 장점을 드러낼 기회가 별로 없었다. 특히 학업 성적이 낮다는 것이 자신감을 더욱 위축시켰다.

종민이 방에는 기타가 하나 있었는데, 나는 종민에게 기타를 연주해줄 수 있는지 물었다.

"나도 예전에 기타 배울 기회가 있었는데, 그때 배우지 않은 게 후회가 되네. 종민이 기타 연주 좀 들어봤으면 좋겠다."

말이 끝나기가 무섭게 종민이는 기타를 들고 폼을 잡았다. 그리고 눈을 감고 집중해서 기타를 연주하기 시작했다.

"야, 제법인데. 멋진걸. 나도 기타 배우고 싶어지네."

기타 연주를 끝내고 노트북을 켜고 꿈과 목표에 관한 수업을 하였다. 자신의 진로에 관해 얘기하자 눈빛이 반짝 빛이 났다.

그렇게 꿈과 목표, 진로, 자신감 갖기, 긍정적인 자아 이미지 만들기 등의 수업 내용을 진행하자 종민이가 공부에 대한 고민을 털어놓았다.

"선생님, 저 고민이 있는데요. 학교 수업 시간에 무슨 말을 하는지 못 알아듣겠고 집중도 되지 않아서 힘들어요. 고등학교도 가야 하는데 너무 늦은 것 아닌지 모르겠어요."

종민이는 길게 한숨을 쉬었다.

"그래? 그런 고민이 있었구나. 공부를 잘하고 싶은데 생각대로 안 돼서 많이 힘들구나. 그럼 뭐가 문제인지 한번 알아보자. 혹시 교과서 있니?"

"네, 국어하고 영어하고 역사하고……."

"그래, 그럼 역사 교과서를 한번 읽어보자."

나는 역사 교과서를 펴고 조선 전기의 한 부분을 소리 내어 읽도록 했다. 종민이는 책을 읽기 시작했다.

"태종은 왕권을 강화하기 위해 '사뼁'을 혁파하고 조세를 징수하고 호패법을 실시하였다……."

종민이는 책을 읽을 때 많이 더듬었고 발음도 부정확하였다. 그리고 뭔가 쫓기듯 긴장하는 모습이 보였다.

"종민아, 잘 읽었는데 좀 천천히 생각하면서 읽으면 좋을 것 같아. 되도록 또박또박 읽어봐. 그러면 이해도 잘 될 거야. 그런데 아까 그…… 사뼁 말이야. 사뼁이 뭐지?"

"글쎄요? 잘 모르겠는데요?"

일단 적힌 대로 사병으로 읽으라고 말한 뒤, 읽은 내용을 노트에 적어보라고 하였다. 짧은 글을 읽고 어느 정도 기억을 하는지 보기 위해서였다. 그런데 종민이는 조세 징수를 조세 장수로 적어놓았다.

"음, 그런데 여기 적은 조세 장수는 뭐야?"

"네, 저…… 군인인데요. 잘 모르겠네요."

장수라는 말에 군인을 생각한 모양이었다.

"한번 다시 책을 확인해봐."

"장수가 아니고 징수인데요."

종민이는 책을 확인하고 겸연쩍게 웃었다.

"그런데 아까 보니까 책을 읽을 때 좀 더듬던데 글씨가 잘 안 보이니? 아니면 읽을 때 마음이 좀 급한 거니?"

"네, 좀 마음이 급해요. 빨리빨리 읽어야 할 것 같아서 마음이 조급해지니까 자꾸 더듬게 되네요."

"원래부터 그랬던 거야? 아니면 어떤 계기가 있었니?"

"초등학교 때 선생님이 책을 읽어보라고 하셨는데, 제가 좀 실수를 했는데 아이를 앞에서 창피를 주셔서 그때부터 책을 읽으려고 하면 긴장이 되고 땀이 나요."

"음, 그런 일이 있었구나. 나랑 수업할 때는 실수해도 괜찮아. 그거 아무것도 아니야. 그런데 책을 읽을 때는 천천히 읽는 게 중요해. 교과서 같은 책은 소설책이 아니니까 내용을 잘 알기 위해서는 천천히 읽을 필요가 있어. 그래야 무슨 내용인지 알 수가 있지. 그리고 아무리 천천히 읽어도 모르는 낱말이 많이 있으면 의미를 파악하기가 어려워. 낱말의 뜻을 아는 것도 중요해. 아, 그렇다고 너무 겁먹을 필요는 없어. 하나하나 차근차근 해나가면 되니까."

우리는 다음 수업부터 교과서 읽기 수업을 진행하기로 했다.

세 번째 수업 시간.

본격적으로 읽기 수업을 진행하였다.

"자, 지난번에 교과서를 읽었는데 무슨 말인지 잘 모르겠지?"

"네, 무슨 내용인지 잘 이해가 안 갔어요."

"맞아, 한국말이지만 낱말 뜻이 어려운 단어가 많아서 읽어도 무슨 뜻인지 이해가 안 되는 거야. 그래서 우선 모르는 낱말에는 낱말 뜻을 찾아서 적어놓고 읽으면 돼. 자, 오늘 읽을 부분에서 모르는 낱말에 밑줄을 그어 표시해보자."

종민이는 역사 교과서를 읽으면서 잘 모르는 낱말에 밑줄을 그어 표시했다.

"그럼 이제 그 낱말의 뜻을 찾아서 적당한 공간에다 적어봐. 낱말이 위치한 가까운 곳에."

낱말 뜻을 찾아서 적는 작업이 끝나자 본격적으로 읽기를 진행했다.

"잘했어. 그럼 이제 천천히 한 번 읽어볼까? 무슨 뜻인지 생각하면서 천천히 읽어봐."

책을 다 읽고 나자 나는 종민에게 느낌을 물었다.

"천천히 읽으니까 이해가 잘 되고요. 모르는 낱말은 낱말 뜻을 보면서 읽으니까 좀 재미있고 그랬어요."

"오, 그랬구나. 브라보!"

"이제 이해가 확실히 됐니?"

"아뇨, 아직 그 정도는 아니에요."

"좋아, 그럼 한 번 더 천천히 읽어보자. 이번에는 중요하다고 생각하는 내용에 밑줄을 그으면서 읽어보자. 자, 펜 준비하고."

이번에도 종민이는 밑줄을 그으며 교과서를 천천히 읽어나갔다.

그렇게 두 번째 미션도 끝이 났다.

"오우, 잘했어. 집중 잘하네. 그런데 힘들지 않아?"

"네, 조금 힘들어요."

"그래? 그럼 조금 쉬었다 하자."

우리는 잠시 휴식을 취했다. 짧은 시간이었지만 종민이가 이렇게 집중해서 책을 읽은 것은 경험해보지 못한 일이었으므로 쉬는 것이 낫다고 판단했다.

휴식이 끝나고 다시 읽기 훈련에 들어갔다.

"자, 이번에는 친구들에게 가르친다고 생각하고 어떻게 가르칠까 생각하면서 읽는 거야. 이번에도 천천히 읽는 거 잊지 말고."

종민이는 책을 읽다가 잠시 멈춰서 무슨 생각을 하기도 하고 천장이나 책장을 바라보기도 했다.

"선생님, 다 읽었어요."

"수고했어. 가르치는 것 상상하면서 읽은 거야?"

"네, 어떻게 설명할지 생각하면서 읽었어요."

"이제, 이해가 많이 됐어?"

"네, 완전히는 아닌데 처음 읽을 때보다는 잘 이해돼요."

"그럼 우리 이제 한 번 더 읽고 내용을 노트에 적어볼까?"

"책을 안 보고 적는 건가요?"

"그렇지. 생각나는 대로만 적으면 되니까 너무 부담은 갖지 마."

"알겠어요. 해볼게요."

종민이는 천천히 읽어나갔다. 외우기 위해 여러 번 읽기를 멈추곤 했다.

"다 읽었어요."

"좋아, 집중 잘했어. 이제 노트에 한번 적어볼까? 생각나는 대로 최대한 적어보자. 문장이 힘들면 단어만 적어도 좋아."

종민이는 읽은 내용을 노트에 적어나갔다. 물론 처음이라서 많이 적지는 못했다. 생각이 날 듯 말 듯 하여 괴로운 표정을 짓기도 하고, 펜을 들고 노트를 쳐다보기도 했다. 나는 충분히 시간을 준 다음에 그만하라고 했다.

"생각이 날 듯 말 듯 해서 힘들었지? 처음이라 쉽지는 않았을 거야. 이제 책을 보고 부족한 부분은 빨간색 펜으로 보충해서 적어볼까?"

종민이는 자기가 적은 부분과 교과서 내용을 비교하면서 부족한 부분을 적어나갔다. 메모가 끝나자 나는 한 가지 제안을 했다.

"종민아, 이번에는 그거 나한테 설명해볼래? 네가 선생님이 돼서 나한테 설명 좀 해줘."

종민이는 호기심 가득한 얼굴로 나를 보더니, 더듬더듬 설명하기 시작했다. 더듬거리기는 했지만 제법 잘 설명을 했다.

"오호, 설명 잘하는데. 이제 이해가 많이 됐어?"

"네, 거의 다 이해가 된 것 같아요. 앞으로 수업은 이렇게 하는 건가요?"

"그래, 이런 식으로 진행할 거야. 괜찮겠지?"

"네, 괜찮아요."

그 후로 우리는 매주 수업 때마다 교과서를 한 페이지 정도 읽고 모르는 낱말의 뜻을 교과서에 옮겨 적었다. 그리고 여러 번 천천히 읽기를 진행했다. 종민이는 이 방식이 자신에게 맞는지 불평 없이 잘 따라와 주었다. 그런데 일주일에 한 번 코칭 수업을 하다 보니 학교 수업 진도를 따라가기가 역부족이었다. 종민이가 기초가 부족하다 보니 한 번 수업할 때 여러 페이지를 하는 것은 무리였다. 종민이가 소화가 가능한 한두 페이지 정도의 분량으로 수업을 할 수밖에 없었다.

그러던 중 어느덧 중간고사가 다가왔다. 그런데 종민이는 아직 시험 범위까지 읽기 수업을 끝마치지 못했다. 시험 범위까지는 1/3 정도의 분량을 남겨놓고 있었다. 다음 수업은 시험을 마친 다음 날이었다.

"종민아, 아무래도 나머지 부분은 네가 혼자서 해야 할 것 같아. 지금까지 해오던 대로 하면 돼. 어때, 혼자서도 할 수 있겠지?"

"네, 한번 해볼게요."

그로부터 일주일 후 다시 종민이를 만났다. 나는 무엇보다 역사 시험 결과가 궁금했다. 하지만 우선 어떻게 공부했는지 먼저 확인하는 것이 중요하다고 생각했다.

"지난번 역사 공부는 범위까지 다 마쳤니? 공부한 흔적 좀 볼까?"

"네, 정말 열심히 했어요."

종민이가 보여준 책을 보고 나는 깜짝 놀라고 말았다. 책이 거의 걸레가 되어 있었다. 여러 색깔의 펜으로 밑줄을 그으며 반복해서 읽고 또 읽었던 것이다.

"그래, 열심히 노력했구나. 노력한 만큼 결과도 잘 나왔으면 좋겠는데 시험 결과는 만족할 만하니?"

"네, 역사 2개 틀렸어요."

만족스러운 표정으로 환하게 웃었다.

"저, 그런데요, 고민이 생겼어요."

"뭐지?"

"그러니까 모든 과목을 이런 식으로 공부해야 한다는 거잖아요. 이렇게 반복 학습으로 보고 또 보고…… 그렇게요."

"음, 그래. 반복의 가치를 알아낸 걸 보니 공부에 대한 중요한 수수께끼 하나를 푼 것 같구나. 이제 우리는 각 과목에다가 그런 방식을 적용할 거야. 천천히 하지만 꾸준히, 알겠지?"

"네, 알겠어요."

종민이와 수업은 그렇게 1년간 계속되었다. 과목도 영어, 국어 등으로 점점 확대해나갔다. 종민이는 조금씩 공부습관이 잡혀갔고, 고등학교에 잘 진학해서 공부를 해나갈 수 있었다.

종민이의 경우는 학습이 부진한 학생에게서 일반적으로 볼 수 있는 현상이었다. 학습 동기 부족과 기초학습 능력 저하로 인한 의욕상실의 악순환이었다. 이런 학생일수록 교과서를 제대로 읽을 수 있도록 연습을 하는 것이 좋다. 그리고 천천히 하는 공부를 통해 모르는 내용이 나오면 정확하게 알고 넘어가는 습관을 지니도록 노력해야 한다.

종민이와 수업이 추억이 되어갈 즈음, 어느 날 밤에 한 통의 문자가 왔다.
"선생님, 잘 지내시죠? 저 종민이에요."
"어, 종민아. 잘 지내지? 그런데 이 시간에 어떻게 연락을 했어?"
"네, 지금 자율학습 끝나고 선생님 생각나서 연락드리는 거예요."
"아, 자율학습 끝났구나. 힘들지 않아?"
"좀 힘들긴 해요. 그래도 저는 공부하는 방법을 알잖아요."
힘든 시간이었지만 종민에게 훌륭한 공부 훈련이 되었던 것이다.

기초가 부족한 학생들은 절대로 서둘러서는 안 된다. 대충 알고 넘어가는 것이 습관이 되면 공부에 대한 흥미를 점점 잃게 되고, 공부습관은 정착되지 않는다. 하나를 알더라도 제대로 알고 넘어가야 배움의 기쁨을 느끼고 공부에 흥미가 생긴다.

① 하나를 알더라도 제대로 알고 넘어가야 한다. 대충 알고 넘어가는

   것은 학습 동기를 떨어트린다.

② 공부 방법은 단순해야 한다.

③ 기초가 부족할수록 교과서 제대로 읽기부터 시작한다.

천천히 읽기로 예습했더니 수업에 집중이 잘돼요

종환이는 중학교 1학년 여름방학 때 처음 만났는데 말수가 적고 수줍음을 많이 타는 학생이었다. 종환이 어머니는 그보다 석 달 전에 자녀 공부문제로 전화를 해서 상담을 했었는데 그 이후로도 공부와 관련된 많은 문제가 정리되지 않아서 정식으로 학습코칭을 요청해왔다.

그동안 종환이 어머니는 여러 가지 방법을 써보았으나 효과가 없어서 조금 지쳐 있었고, 종환이는 중학교에 올라와 갑자기 많아진 학업 부담으로 공부에 집중할 수 없어서 많이 힘들어하고 있었다.

종환이의 방에는 여러 가지 '공부법' 책이 놓여 있었다. 책을 펴보니 밑줄 치고 별표하고 접고, 굉장히 열심히 본 흔적이 있었다.

"종환아, 이 책 다 읽은 거야?"

그랬더니 "아뇨, 엄마가 보셨어요." 하면서 겸연쩍게 웃음을 지었다.

많은 부모가 범하는 실수 가운데 하나가 공부법 책을 읽고 자녀에게 공부법을 가르치고 지도하는 것이다. 책의 저자가 공부한 방법과 아이의 공부하는 모습을 비교해보면 당연히 답답하게 느껴진다. 하지만 이것은 순서가 뒤바뀐 것이다. 공부의 중심은 학생 자신인데 책을 쓴 저자의 주장과 방법에 맞추다 보니 맞지 않은 옷을 억지로 입히는 꼴이 되어버린다.

공부법 책은 공부습관을 만들어가는 데 도움이 되는 것이 사실이다. 하지만 무턱대고 따라만 한다면 부작용이 생길 수 있으므로 주의해야 한다. 학생 자신의 상황과 수준을 관찰한 후 공부법 책에서 참고할 만한 것을 한두 가지 적용해보고 실력이 향상되면 그에 맞게 확장해서 적용하는 방식으로 해나가면 좋을 텐데, 책에 나온 모든 것을 다 따라 하려고 하니 문제가 생기는 것이다.

그런데 공부법 책이나 수기를 읽어보면 다들 공부하는 방식이 조금씩 다르다는 것을 발견할 수 있다. 물론 몇 가지 공통점도 있다. 예습을 한다든지 복습을 한다든지 수업에 집중한다든지 하는 것들이다.

그런데 복습을 하거나 예습을 할 때는 자신만의 방법으로 하기 마련이다. 그러니 높은 수준의 경지에 가 있는 학생이 아니면 공부법 책은 또 다른 교과목처럼 느껴지고 억지로 익혀야 하는 힘든 과정이 될 수밖에 없다.

종환이 어머니도 비슷한 경우였다. 열심히 책에서 배운 방법을 전

해주려 하였지만 자녀는 싫어하고 관계도 안 좋아졌다. 이렇게 가다 가는 상황이 더 안 좋아질 거라 판단했고, 좋은 방법을 그대로 하면 잘될 것 같은데, 따라주지 않는 자녀 때문에 마음이 답답했다.

종환이는 중상위권 정도의 성적을 유지하고 있었다. 여느 학생들처럼 수학과 영어, 과학을 개인지도 받고 있었는데 과외 숙제가 많아서 힘들다고 했다. 숙제가 일정 수준 이상 많으면 숙제는 더 이상 공부가 아니다. 공부를 많이 하라고 내준 숙제가 오히려 공부에 대한 흥미를 떨어뜨리고 거부감을 느끼게 하는 것이다.

그런데 여기서 한 가지 생각해볼 문제가 있다. 보통 과외나 학원을 보내면 학생에게 숙제를 내주게 되는데, 가르치는 선생님 상황에서는 자기 과목을 아이가 열심히 해서 좋은 성적이 나오길 기대하기 때문에 숙제를 많이 내주게 된다. 또 배운 내용을 잘 복습하고 완벽하게 습득해야 하므로 많은 숙제를 내줄 수밖에 없다. 그런데 그 숙제의 양이나 어려운 정도가 어떤 학생은 할 만하고 어떤 학생에게는 힘겹고, 경우마다 다 다를 것이다. 기초가 부족한 학생에게 어렵고 많은 양을 숙제로 내준다면 그 학생은 오래지 않아 학습에 대한 흥미가 더 떨어지고 만다. 또 한 가지 생각해볼 문제가 있다.

영어 선생님 입장에서는 영어 성적이 잘 나오는 게 중요하지, 수학이 잘 나오는 건 중요한 문제가 아니다. 수학 선생님의 입장도 마찬가지다. 그런데 영어든 수학이든 국어든 모든 숙제를 해야 하는 건 학생이다. 그래서 학생 처지에서는 늦은 시간까지 숙제를 다 해야 하거나 학교에서도 학원 숙제를 해야 하는 일이 벌어지게 된다. 그 많은 숙제를 하려고 하면 힘도 들고 버겁게 느껴진다. 당연히 학습 동기가 떨어질 수밖에 없다. 따라서 너무 힘이 드는 정도라면 숙제를 줄여달라고 요구하거나 다른 학원으로 옮기는 것도 필요하다. 그런데 "선생님, 우리 애 숙제 좀 많이 내주세요."라고 부탁까지 하는 부모님도 있으니 답답한 노릇이다.

그래서 종환이 과외 숙제와 관련해서 종환이 어머니에게 "과외 선생님께 얘기해서 숙제를 반으로 줄이도록 하는 게 어떨까요?"라고 제안 드렸다. 순간 종환이 어머니의 얼굴에 불안감이 스쳤다.

"숙제를 줄이면 공부를 더 안 하게 될까 봐 걱정돼요. 괜찮을까요?"

"공부하는 시간만큼은 집중해야 하고 그래야 재미와 보람을 느낄 수 있습니다. 지금 방식으로 계속 간다면 아마 많이 지칠 것이고 의욕도 저하될 것입니다. 일단 공부에 몰입해서 즐기는 체험을 많이 할 수 있도록 도와주셨으면 좋겠습니다."

"그렇지 않아도 과외 선생님한테 들으니 애가 숙제를 제대로 안 한 것 같다고 하시더라고요. 종환이가 해답을 보고 베껴서 숙제 검사를 받았다고 하네요. 그런 애가 아니었는데, 그래서 그러지 말라고 얘기할까 했는데 선생님 말씀대로 숙제를 줄이고 공부에 집중하는 체험을 하도록 해야겠네요."

종환이 어머니는 한숨을 쉬면서 말했다.

종환이에게는 숙제를 줄이기로 한 사실을 알려주고 앞으로 진행할 수업 내용을 공유했다.

"종환아, 공부는 양이 문제가 아니라 5분을 하더라도 집중하는 것이 중요해. 나는 너에게 공부를 많이 하라고 얘기하지는 않을 거야. 다만 정확한 공부를 하길 원해. 모르는데 그냥 넘어간다거나, '나중에 하지 뭐.'라고 미루는 것들은 공부를 못하게 되는 지름길이야. 그러니 이제 우리가 조금씩 연습을 해보자. 축구도 연습을 해야 잘하잖아. 공부도 마찬가지야."라고 말하며 공부습관 만들기 프로젝트에 돌입했다.

코칭 시간마다 종환이는 그날 학교에서 배운 내용을 다시 기억해서 적어보고 그 내용을 나에게 설명했다. 그리고 상대적으로 약한 국어와 과학 과목은 교과서와 자습서를 미리 여러 번 천천히 읽으면서 예습을 해나갔다. 예습은 수업의 준비다. 수업 시작 5분 전 훑어보기 정도를 예습으로 말하는 경우가 있는데, 보통 학생들 같은 경우에는 그 방법은 큰 효과가 없다. 배경지식과 어휘가 부족한 보통의 학생들은 좀 더 깊이 있게 준비하는 태도가 필요하다. 다음 시간에 배울 내용을 세 번 정도 정독(천천히 제대로 읽기)을 해 가면 수업 시간에 집중도가 올라가고 잘 이해되며 복습할 때도 큰 도움이 된다.

종환이는 교과서와 자습서를 천천히 읽으면서 공부에 재미를 붙일 수 있었고, 공부 방법도 익히게 됐다. 수업 전에는 미리 여러 번 읽고, 방과 후 다시 두세 번 반복하여 읽었다. 수업 전에 교과서와 자습서를 여러 번 읽고 가니 수업에 집중이 잘 된다고 했다. 이렇게 예습과 복습, 교과서 읽기 등이 어느 정도 몸에 뱄을 때 매일 실천할 수 있도록 공부습관 일지를 쓰도록 하였다. 일지의 순서는 〈To do list, 오늘 할 일〉, 〈수업 되돌아보기 - 수업 시간에 배운 내용 적어보기〉, 〈미리 보기 - 수업 내용 미리 읽고 정리하기〉, 〈교과서 천천히 읽기 - 한 과목 정해서 교과서 읽고 내용 기록〉 등으로 구성되었다.

종환이는 그동안 해오던 것을 일지에 작성하는 것이었으므로 어렵지 않게 매일 기록해나갔다. 어느덧 공부습관 일지 두 권을 쓰고 나서 혼자서 공부하는 힘을 갖게 된 종환이는 이제는 자기만의 방식대로 공부해 나갈 수 있게 됐다. 공부 독립을 한 것이다.

그동안 수업하고 난 소감을 말하라고 하니 "전에는 계획 짜고 하는 게 도움이 안 된다고 생각하고 잘 안 했었는데 한 번 해보고 나니까 도움이 되었고요. 공부(예습, 복습) 일지를 쓸 때는 하기 싫고 귀찮았는데 수업을 할 때 이해가 쉽고 내용도 기억이 많이 났어요. 그동안 공부하는 방법을 많이 알게 됐고요. 앞으로도 계획을 세우고 예습, 복습을 해야겠어요. 앞으로 시험 기간에 벼락치기는 하지 않고 미리 교과서로 공부하고 문제도 풀어보고 해서 시험 기간에 여유롭게 해야겠어요."라고 말하며 웃었다.

> ### 🗣 문해력 학습법 tips
>
> ① 숙제를 많이 하는 것보다 적절한 수준과 양을 하되 집중해서 해야 한다.
> ② 예습을 하면 학습 동기가 강화돼 수업에 집중할 수 있다.
> ③ 평소 공부에서 성취감을 얻어야 학습 동기가 떨어지지 않는다.

독서와 느끼고
체험하는 공부

고1이 된 주성이는 안 다녀본 학원이 거의 없었다. 영어, 수학 학원은 기본이고 속독학원, 연상기억법학원, 스파르타식 기숙학원, 자기주도학습관 등 거의 모든 종류의 학원에 다녔다고 한다.

"선생님, 제가 이 동네 근처에 있는 학원은 다 다녀봤을 거예요."라며 불만에 가득 찬 얼굴로 얘기하던 주성이. 물론 주성이가 원해서 간 것은 아니고 엄마가 다니라고 해서 다녔다. 중간에 끝내는 것도 엄마가 결정을 내렸다. 주성이는 자신의 의지와 무관하게 수많은 학원을 들어갔다 나오기를 반복했다.

수많은 학원에 다녔지만 주성이는 공부에서 한참 멀어져 있었다.

공부에 대한 의지도 자신감도 바닥이었다. 큰 문제만 없으면 그냥 한 학원을 진득하게 다니는 것이 더 나았을 것이다. 그런데 생각한 것만큼 성적이 나오지 않자 주성이 어머니는 다른 학원으로 옮기게 했고, 거기서도 좋은 결과가 안 나오면 또 다른 학원으로 옮겼던 것이다. 공부가 자판기에 돈 넣으면 물건 나오듯이 그렇게 바로 결과가 나오는 것이 아닌데 너무 조급했고, 자녀에게 씻기 힘든 상처를 주었다.

중3 겨울에 만난 주성이를 만신창이가 되어 있었다고 하면 조금 과장된 표현일까? 힘들게 지나온 지난 시간을 말하며 눈가가 점점 촉촉해져 왔다.

"주성아, 너 그동안 참 힘들었구나."라며 등을 다독여주었더니 그 말을 듣는 순간 주성이는 참았던 눈물을 터트리고 말았다. 자기 마음을 알아주는 사람을 만나서 너무도 반갑고 고마웠는지 서럽게 흐느꼈다. 그런 모습을 보고 있으려니 나도 마음이 아팠다.

학원을 선택할 때는 목적과 이유가 분명해야 한다. 단순히 더 좋은 성적을 위해서라는 것은 올바른 선택을 방해한다. 학생의 장단점, 부족한 점, 보완할 점 등에 맞는가? 이 학원을 통해 어떤 도움을 받을 것인가 등등을 차분하게 생각해서 고르고, 상담할 때도 그런 부분을 학원에 요청하는 것이 좋다.

옛날 어느 유명한 작곡가는 자신에게 개인 지도를 받으러 오는 학생 중에서 다른 곳에서 지도를 받았던 사람은 처음 지도를 받는 사람보다도 수업료를 더 많이 받았다고 한다. 백지상태인 사람보다 여러 가지 선입관이나 잘못된 습관이 많아서 손이 더 많이 가기 때문이다.

주성이처럼 많은 학원을 순례한 학생들도 코치에게는 더 큰 노력이 필요하다. 좀 더 얘기를 나누고 웬만큼 마음을 추스른 후 우리는 앞으로의 계획에 관해 얘기를 나누었다.

주성이는 아직 구체적인 꿈이나 목표가 없었다. 당장 꿈이 생기지 않는다면 좀 더 시간을 갖고 기다려야 한다. 주성이는 꿈을 찾기 위해서라도 공부를 더 해보기로 하였다.

주성이에게 사회 교과서를 읽어보라고 하였다. 그런데 한 페이지 읽는 것도 힘들어했다. 그래서 한 번 더 읽은 다음 노트에 적어보라고 하였다. 그런 다음 나에게 설명을 해보라고 하였다. 역시 힘들어했다.

"선생님, 저는 왜 말을 잘 못 하죠? 답답해요."

"말을 잘 못 하는 게 아니라 생각이 정리가 안 돼서 그러는 거야. 너무 걱정 안 해도 돼. 이제부터 조금씩 연습하면 돼."

나는 수업마다 천천히 반복해서 읽고 노트에 정리하고 설명해보기를 계속했다. 그리고 읽기 능력을 향상하기 위해 집에 배달되는 신문 기사를 읽고 서로의 생각을 나누었다. 신문 기사는 주성이가 관심을 가질 만한 것으로 정했다. 주성이는 신문의 기사를 읽고 얘기 나누기를 재미있어했다. 주성이에게 수업이 없는 날도 집에서 신문을 읽을 것을 권했다. 그래서 주성이는 신문 읽는 재미를 붙였고 조금씩 신문 읽는 날이 많아졌다. 얘기를 나눠보면 생각도 조금씩 깊어지는 것을 느꼈다.

공부는 여러 가지 요소가 종합적으로 어우러져 완성된다. 단순히 책상 앞에 앉아 있다고 해서, 책을 열심히 본다고 해서, 문제를 많이 풀기만 해서 잘하게 되는 것이 아니다. 읽기 능력은 학습 능력과 직결되기 때문에 반드시 익혀서 습득해야 한다. 나는 신문 읽기를 통해 주성이의 읽기 능력을 향상하고 싶었다. 다행히 주성이는 재미있게 신문을 읽었고, 그것은 교과서 천천히 읽기에도 많은 도움이 되었다. 또 신문을 읽고 얘기하는 과정에서 생각하는 힘이 길러져, 어려운 교과서를 천천히 읽을 때 생각하면서 읽을 수 있게 됐다. 주성이처럼 교과서 읽기를 힘들어하는 학생은 책이나 다른 읽을거리를 통해 읽는 습관을 기르는 것이 좋다.

주성이는 느리지만 꾸준하게 교과서 천천히 읽기를 지속해서 진행했다. 교과서 내용을 이해하는 데 어려움이 많았기 때문에 어려운 낱말의 뜻을 찾아서 적고, 3회 이상 읽고 쓰고 말하기를 했다. 수업 전날에는 다음 날 배울 내용을 미리 읽어나갔다. 그런 과정에서 학교 수업 시간에 내용을 잘 이해할 수 있었고 집중력이 올라갔다.

특히 매주 '주간 성찰일지'를 통해 한 주간의 성과를 피드백해보는 시간을 가졌다. 자기조절 능력을 기르기 위해서는 무작정 공부를 열심히 하는 것보다 자기를 되돌아보고 스스로 고쳐나가려는 노력이 훨씬 중요하다. 주성이는 매주 자신을 평가하면서 좀 더 나아지기 위해 노력했다.

주성이는 "다음 주에는 저에게 좀 더 높은 점수를 줬으면 좋겠네요."라고 하기도 했다. 주간 성찰일지는 학생 자신이 스스로 평가하고 점수를 매기기 때문에, 다른 사람에게 평가를 받을 때와는 다르다. 자신에게 점수를 줄 때 좀 더 객관적으로 평가하려고 노력한다. 따라서 성찰일지 같은 것을 매주 한 번씩 꾸준히 작성해보는 것도 학습 동기를 강화하는 데 도움이 된다.

다행히 주성이의 노력에 대해 진심이 통했는지 어머니도 더 이상 간섭은 하지 않으셨다. 이제 주성이는 자신만을 위한 공부를 하게 됐다. 부모님을 위한 공부가 아닌 자기 자신을 위한 공부를 할 때 온전히 공부에 몰입할 수 있다. 동네의 여러 학원을 전전할 때는 자신을 위한 공부가 아니었다. 그것은 부모님을 위한 공부였다.

학원을 너무 자주 옮기면 공부 방법을 익히고 공부습관을 만들기가 어렵다. 또 학원만 의지해서도 자기주도학습 습관을 정착하기 어렵다. 교과서로 '천천히 제대로 읽기' 방법을 익히는 것이 우선이다.

🗣 문해력 학습법 tips ▶

① 읽기 능력을 키우면 교과서를 잘 읽을 수 있다.

② 학생 자신이 스스로 평가하는 시간을 가져야 한다.

③ 특별한 이유 없이 학원을 너무 자주 바꾸는 것은 좋지 않다.

[꿈을 이루는 주간 성찰 일지]

년   월   일

지난주 활동 되돌아보기	
지난 한 주 동안 잘한 일이나 활동은 무엇입니까?	학습면: 활동면: 기타:
공부습관 만들기	1. 교재(교과서, 자습서 등)를 여러 번 읽었나요? (상,중,하) 2. 읽은 부분을 쓰거나 정리 또는 설명해보았습니까? (○,△,×) 3. 공부가 끝난 후 잠시 기억해보고 생각해보았습니까? (○,△,×) 4. 틀린 문제를 반복해서 풀어보았습니까? (○,△,×) 5. 잠자리에 들기 전(10~30분 전) 하루를 되돌아보고, 그날 공부한 내용을 잠시 생각해보았습니까? (○,△,×) 6. 매일 꾸준히 공부한 과목은 무엇입니까?
독서 활동	
한 주 동안 자발적으로 공부를 실천하였나요?	
지난주 반성 & 개선할 사항	
지난주 나의 활동 평가	꿈과 목표를 위한 나의 노력은 (A, B, C, D, F) 학점이다.
주간 계획	
다음 주 꼭 해야 하는 중요한 공부	
나에게 한마디 (다짐, 계획, 소망)	

매일 아침에 일어나면 "내가 할 수 있는 일이 뭘까?"라고 생각했다.
그리고 저녁에 잠자리에 들 때는 "내가 그것을 했는가?"라고 자문했다.
나는 그렇게 하루를 시작하고 하루를 마무리 지었다.

– 벤저민 프랭클린

천천히 읽으니까
이해가 잘돼요

중3 용욱이의 성적은 중상위권이었는데, 학년이 올라갈수록 성적이 떨어져서 부모님이 걱정이 많았다. 학원이나 과외 등 많은 것을 하고 있지만 효과가 없어서 고민하다가 코칭을 의뢰하게 되었다고 했다.

"아이에게 공부할 의욕을 넣어주고, 공부 방법을 알려줄 분이 필요해요."

어머니는 간절한 마음을 담아 이렇게 얘기했다. 먼저 간단한 설문을 하였다.

용욱이는 자신의 단점을 "수줍음이 많고, 표현을 어려워하는 것"이라고 적었고, "책 읽기는 좋아한다."라고 적었다. 이렇게 자신의 장단점에 관해 이야기한 다음, 목표 이야기로 넘어갔다.

"목표가 없으면 다른 사람이 내 인생에 간여하게 되고, 남의 목표를 위해 살아야 해. 하지만 목표가 있으면 나만의 목표를 위해 살아갈 수 있지. 엄마가 공부에 대해 간여하셔서 기분이 별로 좋지 않지?"

용욱이는 "네." 하면서 고개를 끄덕였다.

"엄마가 보기에 네가 목표가 분명하지 않다고 생각하니까 자꾸 '이거 해라, 저거 해라.' 하시는 게 아닐까? 네가 분명하게 너의 목표를 두고 너의 공부를 해나간다면 엄마가 너를 적극적으로 돕게 될 거야. 알겠지?"

이렇게 말했더니 용욱이는 고개를 끄덕이며 눈을 반짝였다.

두 번째 만남

2차 만남부터는 본격적으로 수업을 진행했다. 우선 지난 만남 때 얘기한 목표에 대해서 좀 더 깊은 얘기를 나누었다. 자신이 진학하고 싶은 대학과 학과에 대해서도 의견을 주고받았다. 용욱이는 1학기 기말고사 성적이 떨어져서 더 올리고 싶다고 했다. 그래서 구체적인 점수를 생각해보기로 했다.

"2학기에 얻고 싶은 성적에 대해 생각해보자. 목표를 세울 때는 구체적이면서도 달성하기 어려운 약간 도전적인 목표를 세우는 게 좋아. 자신의 마음과 정신을 온전히 집중할 수 있는 목표를 정하는 게 중요해."

그랬더니 고개를 끄덕이며 웃는다.

용욱이는 학습 의욕이 충분하다고 판단했기 때문에 바로 '천천히 교과서 읽기'에 들어갔다.

"무슨 과목이 제일 힘들지?"

"역사요. 역사가 제일 힘들어요. 외울 것도 많고……."

용욱이는 역사가 매우 어렵다고 했다. 그래서 교과서로 2학기에 배울 내용을 미리 읽어나가기로 했다. 교과서 한 단원을 한 절(소단원)씩 천천히 읽게 하였고, 이렇게 다섯 번을 반복한 후 책을 덮고 노트에 적게 했다. 용욱이는 독서를 좋아하는 편이라서 5회 독을 하는 데 큰 어려움은 없었다. 독서량이 부족한 학생은 3회 독 정도로 줄여서 진행한다.

책을 읽던 용욱이가 처음 보는 단어라며 질문을 해왔다.

"선생님, 그런데 전제정치가 뭐예요?"

"음, 우선 네가 대충 뜻을 짐작해봐. 그리고 계속 읽어나가도록 해. 정확한 뜻은 이따가 사전에서 찾아보자. 그러면 네 짐작이 맞는지 알 수 있겠지."

매번 읽을 때마다 읽은 시간을 적게 하였다.

[1회: 4분 20초 / 2회: 10분 05초 / 3회: 2분 20초 / 4회: 3분 10초 / 5회: 2분 30초]

시간을 합쳐보니 약 23분 정도 읽었다. 역사 교과서를 이렇게 집중해서 오랫동안 읽어보는 것은 처음이라고 했다. 책을 읽은 다음 읽은 내용을 연습장에 적어보라고 했다.

"자, 이제 지금까지 읽은 내용을 최대한 기억해서 적어보자. 오늘은 처음이라 잘 기억이 나지 않을 수도 있어. 하지만 열심히 생각해보는 게 중요해. 공부는 입력뿐만 아니라 출력도 중요한 거거든."

용욱이는 연습장에 여섯 줄을 적었다. 생각보다 기억이 잘 안 나서 답답한 표정이었다.

"막상 적어보려고 하니까 기억 안 나는 게 있었지?"

"네, 책을 막 보고 싶더라고요."

"그래? 그럼 지금 봐봐. 뭐가 기억이 안 났는지."

책을 보더니, "확인했어요." 한다.

"지금 본 내용은 잘 잊어버리지 않을 거야. 오늘은 처음이라 출력하는 연습이 잘 안 돼서 힘들었겠지만 시간이 지나면 더 잘 나게 될 거야. 이런 방식으로 읽는 것은 어떤 거 같아? 괜찮은 것 같아?"

"네, 아주 좋았어요."

"우리 일주일 뒤에 만나는데, 하루에 소단원 하나씩 정리해보면 어떨까? 이건 일종의 숙제야."

"네, 해볼게요."

"읽은 시간도 잘 기록해놓아야 해. 그리고 연습장에 기록한 내용은 나중에 책으로 엮어줄 테니까 잘 기록하고."

용욱이가 고개를 끄덕이며 그렇게 하겠다고 한다.

"그동안 엄마가 공부에 많이 간섭하셨니?"

"네, 아주 많이요."

"음, 이제 엄마가 간섭을 많이 안 하실 거야. 네가 주도적으로 해봐."

3~4차 코칭

3차 코칭 때 확인을 해보니 용욱이는 5회 독 읽기 숙제를 3일만 하고 말았다. 조금 힘들었던 모양이다. 다시금 '읽고 적어보기'의 중요성을 얘기하고 따로 노트를 만들어 해보라고 하였다. 그리고 다시 한번 2차 때 했던 방식으로 읽기 훈련을 실시하였다.

4회째 코칭.

이번에는 노트 정리를 정말 깔끔하게 해놓았다. 어머니한테 들으니 노트 정리하느라 많이 애썼다고 했다. 잘 소화하고 있는지 확인하기 위하여 소목차 하나를 선택하여 설명해보라고 했다. 그랬더니 용욱이가 많이 당황하는 모습이다. 준비할 수 있도록 5분 정도의 시간을 주었다. 발표는 좀 서툴렀지만 내용은 충실한 편이었다. 책 읽기 훈련을 두세 번 더 해야 할 것 같다는 생각이 들었다.

용욱이는 수학 과외를 하면서 수학에 치중하다 보니 상대적으로 다른 과목이 부족한 상황이었다. 특히 영어를 어떻게 하는 게 좋을지 물어왔다. 그래서 영어 교과서를 한번 예습으로 공부해보자고 했다. 교과서 7과의 본문을 역사 교과서 읽듯이 천천히 읽기를 했다. 10분이 조금 넘게 걸렸다.

"선생님, 영어를 이렇게 읽어보는 건 처음이에요. 이렇게 읽으니까 정말 아이디어도 많이 떠오르고 이해도 훨씬 잘 되네요."

"예전에는 어떻게 했지?"

"그냥 문장을 쭉 읽었어요. 그냥 문자를 읽어나가는 거죠. 의미 파악 없이 쭉 읽어나가고 해석은 나중에 자세히 하자, 하는 마음으로 읽었어요. 그리고 한 번 읽은 다음 다시 처음으로 돌아와 천천히 해석을 했어요. 그런데 천천히 읽으니까 이해도 잘 되고 기억도 잘 나는데요. 신기해요."

"그럼 매일 10분을 투자할 수 있겠어?"

"네, 7과가 익숙해지면 8과로 넘어갈게요."

"한 가지 주의해야 할 것은 8과를 읽기 전에 먼저 7과를 읽어야 하는 거야."

"근데 그렇게 하면 시간이 오래 걸릴 텐데요."

"8과는 '천천히 읽기'로 하고 7과는 평소에 읽듯이 쭉쭉 읽어도 돼. 부담 없이 편하게. 반복이 돼서 빠르게 읽어도 눈에 잘 들어올 거야."

"그렇게 하면 7과를 잊어먹지 않고 잘 기억할 수 있겠네요."

"오우, 브라보! 이해를 잘 했구나."

영어와 역사 천천히 읽기가 잘 진행돼서 5회차부터는 〈자기 경영 일지(일종의 학습 플래너)〉를 설명하고 써나가게 했다. 자기 경영 일지는 하루의 공부 계획과 평가로 이루어져 있는데, 스스로 계획하고 피드백하고 발전하는 습관을 정착시키는 데 효과적이기 때문에 자주 활용하고 있다.

사실 '천천히 읽기(3SR2E)'와 '자기 경영 일지'만 잘 활용하면 자기주도학습 습관을 정착하는 데 다른 방법이 군이 필요하지 않다. 일지를 쓰면서 용욱이는 공부 시간이 더 늘어났다. 자신의 목표에 대해서 더 많이 생각하게 되었고, 목표를 이루기 위한 세부 계획을 세우고 평가하는 습관을 갖게 됐다.

일지를 쓰면서부터 용욱이는 점점 더 체계적인 공부를 하게 되었다. 계획했던 대로 4개월 과정을 마치고 혼자서 공부를 해나갈 수 있을 정도가 되었다.

용욱이는 엄마와의 갈등으로 자신에게 맞는 공부 방법을 찾지 못했다. 엄마가 '이렇게 해라, 저렇게 해라.' 지시하고, 목표도 정해줬다. 그러다 보니 용욱이는 자신의 속도와 수준에 맞는 공부를 하지 못하고 엄마와 대화도 하지 않으려 했다. 다른 사람의 속도와 수준에 맞는 공부를 하게 되면 당연히 자신만의 공부 스타일을 만들기 어렵다. 공부는 자기를 찾는 과정이기도 하다. 자신에게 맞는 자연스러운 공부를 할 수 있도록 스스로 방법을 찾아야 한다.

🧠 문해력 학습법 tips

① 독서습관 정도에 따라 교과서 읽는 연습 횟수를 조절한다.
② 천천히 읽기는 모든 과목에 적용할 수 있다.
③ 자신에게 맞는 공부 방법을 찾아야 한다.

안 될 줄 알았는데
하니까 되네요

고등학교에 다니는 학생의 어머니로부터 한 통의 전화가 걸려왔다.

"선생님, 안녕하세요? 잘 지내시죠. 저, 예전에 학습코칭 수업 들었던 병철이 엄마입니다."

"네, 안녕하세요. 잘 지내시죠?"

"제가 요즘 고민이 있어서 부탁 좀 드리려고요."

"네, 뭘 도와드리면 될까요?"

"큰 애가 고등학교 1학년인데, 공부를 너무 안 해서요. 학원도 그만두고 과외도 안 하고 공부를 전혀 안 하고 있어요. 성적은 밑바닥이고요. 중학교 때까지는 하는 시늉이라도 했는데 이제는 그런 것도 볼 수가 없어요. 그렇다고 밖으로 나돌고 그러지는 않아요. 이제 1학년인데 너무 빨리 포기하는 것 같아 안타까워서요."

자초지종은 이랬다. 병철이는 중학교 때까지 영어·수학 학원을 다녔다고 한다. 조금 거리가 있지만 유명한 학원이고 해서 잘 달래서 보냈다. 성적은 중간 정도 유지했고, 어떨 때는 상위권 성적이 나오기도 했다. 그런데 고등학교에 진학하고부터 자녀는 완강하게 학원을 거부했다.

"저 이제 학원 안 다닐래요. 너무 힘들어요. 제가 알아서 할게요."

병철이가 하도 강하게 얘기하자 엄마도 더는 채근하지 못했다. 그날부터 병철이는 혼자서 공부했다. 하지만 혼자서 공부를 해본 적도 없고 방법도 몰랐기 때문에 점점 성적이 떨어지면서 무기력해져 갔다. 답답하고 안타까운 마음에 엄마는 다시 학원에 다니라고 했지만 병철이는 그러고 싶지는 않다고 했다. 야속한 시간이 흘렀다. 여름방학이 지나고 신학기가 돼도 상황은 나아지지 않았다. 2학기 중간고사에는 성적이 더 떨어졌다. 더 이상 내버려뒀다가는 큰일 날 것 같아서 상담을 신청한 것이다.

병철이를 직접 만나보았다. 병철이는 자기도 공부를 잘하고 싶은데 생각대로 되지 않아서 지금은 자포자기한 상태라고 했다. 엄마가 학원을 가라고 했는데 왜 거절했느냐고 물으니 '학원에서 너무 사람을 몰아세우고 공부할 게 너무 많아서 엄두가 나지 않는다.'고 했다. 그래서 '지금이라도 늦지 않았으니 할 수 있는 만큼씩만 조금씩 해보자.'고 했다. 다행히 병철이는 동의했고 학습코칭 수업은 그렇게 시작됐다.

1년 가까이 공부를 손에서 놓은 터라 상태는 심각했다. 병철이도 공부해야 한다는 것은 알고 있었다. 그런데 무엇을 어떻게 해야 할지 감을 잡을 수 없다고 했다. 복잡하게 생각하지 말고 우선 할 수 있는 과목부터 해보자고 했다.

"병철아, 일단 같이 공부해보고 싶은 과목을 두 개만 골라봐."

"영어랑 사회를 해볼게요."

"좋아, 영어하고 사회를 골랐구나. 그런데 나하고 하는 방법은 다른 선생님들 하는 방법과 많이 달라. 우선 내가 너한테 설명하거나 가르치는 것은 없어. 대부분 병철이가 직접 해야 하는데 나는 방법이나 방향만 알려줄 거야. 내가 열심히 설명한다고 병철이가 공부되는 건 아니잖아? 그리고 나는 교과 내용도 잘 몰라."

시작은 영어, 사회로 했다. 그런데 이 두 과목도 성적은 매우 낮은 편이었다. 일단 학교 진도에 맞춰 영어와 사회 교재를 읽어나갔다. 영어의 경우 모르는 단어가 너무 많아서 소리 내 읽어보라고 하면 읽을 수 없는 상황이었다. 우선 모르는 단어를 찾고 인터넷 사전을 통해서 발음을 정확하게 익히도록 했다. 그런 다음 여러 번 반복해서 소리 내 읽고, 읽을 때마다 횟수를 표시했다. 하루에 3~5번 정도 읽어나갔다. 10번 정도 지나자 "천천히 제대로 읽기" 방식으로 읽었다. 한 페이지를 천천히 읽으면서 내용을 이해하고 모르는 단어를 확인하면서 읽어나갔다. 걸린 시간은 3분 내외였다. 천천히 읽기는 수업할 때 두 번 정도 진행했다. 읽기에 어느 정도 익숙해지자 모르는 단어를 외울 수 있도록 테스트를 했다. 병철이가 모르는 단어도 많고 읽는 것도 익숙지 않아서 수업은 느리게 진행됐다.

영어 교재를 천천히 읽기로 진행될 단계에는 공부에 재미도 붙이게 되었다.

"천천히 읽으니까 어때?"

"내용이 조금씩 이해되는 것 같아요."

"왜 먼저 소리 내 읽고, 나중에 천천히 읽는지 알겠어?"

"네, 읽을 수 없으면 아무 의미가 없고 내용을 이해할 수도 없어서 그런 것 아닌가요?"

"브라보! 내용을 잘 이해했구나."

영어가 끝나면 10분 정도 사회책 읽기를 진행했다. 학교 수업 시간에 따로 사용하는 요약 교재가 있었지만 교과서로 진행했다. 교과서가 이해하기 쉽게 설명이 돼 있기 때문에 이런 경우 되도록 교과서를 활용하는 게 좋다.

사회 교과서도 모르는 낱말은 인터넷 사전을 검색해서 뜻을 옮겨 적었다. 그런 다음 천천히 읽어나갔다. 분량은 한두 페이지를 정했는데 읽는 데 2~3분 정도 걸렸다. 천천히 읽기를 3회 정도 진행하면 10분이 조금 더 걸렸다. 읽을 때마다 횟수와 시간을 기록했다. 사회는 5회 천천히 읽기가 목표였다.

공부를 잘하는 확실한 방법 중 하나가 조금이라도 매일 하는 것이다. 그래서 병철이에게도 매일 조금씩 해볼 것을 권했다. 그렇게 해보겠다고 했지만 병철이는 실천하지 못했다.

"병철아, 수업 없는 날 조금씩 읽어줘야 학교 진도를 맞출 수 있을 것 같은데, 혼자 읽는 게 힘드니?"

"제가 학교에서는 집에 가면 책을 읽어야지, 이렇게 마음을 먹는데요, 집에 오면 그 마음이 사라져요. 그래서 잘 안 되는 것 같아요. 죄송합니다."

"그래서 습관이 중요한 거지. 뭘 하든 오랫동안 하면 자연스레 습관이 되는 법이니까. 우선 나랑 하는 수업 시간이라도 집중해보자."

병철이가 집에서는 공부하기가 힘들다는 판단에 수업 방식을 변경했다. 영어와 사회를 복습 위주에서 예습하는 것으로 했다. 병철이에게 수업할 내용을 미리 천천히 여러 번 읽고 가도록 했다. 미리 읽어가면 학교 수업 시간에 집중할 수 있고 그렇게 되면 자연스레 누적 학습량이 늘어나고 집에 와서도 공부를 할 수 있게 될 거라고 기대했다. 예습으로 바꾸고 나서 학교 수업이 어떤지 물었다.

"미리 읽어가는 식으로 할 때 학교 수업에 집중도 등에서 차이 나는 게 있어?"

"확실히 집중이 잘돼요. 이해도 잘되고. 다른 과목은 집중도가 떨어지는 게 느껴져요."

병철이는 공부의 방법과 원리를 조금씩 깨우치고 있었다.

그러면서 기말시험이 다가왔다. 병철이는 긴장한 모습이 역력했다.

"시험 다가오니까 긴장되니?"

"네, 조금요. 예전에는 더 심했어요. 지금은 덜한 거예요. 그래도 이번에는 조금이라도 공부를 하고 있으니까 덜 걱정돼요."

"음, 그렇구나. 혹시 다른 걱정은 없고?"

"아, 사실은 선생님하고 같이 안 한 과목 때문에 걱정이에요. 수학이나 과학 과목이요. 어떻게 하면 좋을까요?"

"지금 우리가 다른 과목을 병행하면 아마 한 과목도 성공을 못 하게 될 거야. 속이 쓰리지만 일단 이번에는 자신 있는 과목에 전력을 쏟아보자. 그리고 수학은 시험 끝나고 해보는 게 어떨까?"

"네, 알겠습니다. 그럼 국어, 사회를 좀 더 해볼게요."

시험 기간이 다가오자 병철이는 혼자서 공부하는 시간이 늘어났다. 시험이 다가올수록 나는 병철이의 학습량과 공부의 난도를 점점 올려서 수업을 진행했고, 병철이는 적극적으로 임했다. 그리고 시험을 치렀다. 시험이 끝나고 병철이를 만났는데 책상 위에 시험지를 올려놓고 기다리고 있었다. 처음에는 절대 성적을 알려주지 않았는데, 이번에는 시험지를 보여주면서 결과를 얘기했다. 그만큼 시험 결과에도 만족해했다.

"열심히 노력했는데 결과가 잘 나와서 다행이다. 나도 이렇게 좋은데 너는 얼마나 좋을까?"

"네, 저도 기분 좋아요."

"공부 포기하려다 다시 마음먹고 했는데, 해보니까 어때?"

"안 될 줄 알았는데, 그래도 하니까 되긴 되네요."

"그럼 앞으로 어떻게 공부를 하면 좋을까?"

"이제 수학을 했으면 좋겠어요."

"그래, 이제 수학을 해야겠지."

"다른 과목도 방학 때 미리 공부를 좀 해야겠어요."

"오우, 브라보! 이제 공부의 원리를 많이 깨우쳤구나."

병철이는 어려운 내용을 많이 공부한 것이 화근이 되어 공부에서 멀어졌다. 하지만 학습량과 난도를 줄이고 천천히 읽기를 통해 흥미와 재미를 붙이면서 조금씩 습관을 고쳐나간 덕에 스스로 공부하는 힘을 기를 수 있었다.

🧠 문해력 학습법 tips

① 과도한 학습은 학습 동기를 떨어뜨린다.

② 시험 기간은 공부습관을 정착시킬 좋은 기회다.

③ 미리 읽기는 수업의 집중도를 올려준다.

출력하니까
공부가 잘돼요

    한 인문계 고등학교에서 2학년을 대상으로 학습코칭 프로그램을 진행할 때의 일이다. 일주일간 매일 2시간씩 자기주도학습 습관을 만들기 위해 학생들의 지원을 받아 특별반을 구성했다. 이 학생들은 본인의 학습방법에 문제가 있다고 생각하고 자발적으로 프로그램에 참여하였다. 대부분 중위권 학생들이었는데, 고등학교 2학년 여름이었기 때문에 다들 학습에 대해 적극적인 모습이었다. 한마디로 학습 동기는 충만했다고 할 수 있었다.

    하지만 아무리 열심히 해도 성적이 오르지 않고, 공부 재미도 느낄 수 없어서 답답하다고 했다. 이런 상태가 지속되면 공부를 포기하는 학생들이 생겨난다.

수업에 참여한 학생들의 눈빛은 빛났다. 학생들을 바라보며 물었다.

"여러분, 좀 전에 수업 끝났죠?"

"네, 오늘 수업은 다 끝났어요."

"오늘 수업 시간에는 집중을 잘 하셨나요?"

"네, 열심히 들었어요."

"그렇군요. 그렇게 집중을 잘했으면 기억도 잘 하겠네요."

"……."

"연습장 한 권 꺼내보세요. 그리고 지금 수업 직전에 수업한 2개 과목에서 기억나는 내용을 최대한 적어보세요."

학생들은 노트를 펴고 수업 내용을 적기 위해 생각에 잠겼다. 그런데 대다수는 한 줄도 적지 못하고 낑낑댔다. 많이 적는 학생도 몇 줄을 넘기지 못했다. 그리고 노트를 멍하니 쳐다보며 그냥 앉아 있는 학생들도 있었다.

"자, 여러분, 생각이 잘 안 날 수도 있는데 포기하지 말고 열심히 생각해보세요. 좀 더 시간이 지나면 생각이 날 거예요. 문장이 아닌 단어로 적어도 무방합니다. 최대한 생각나는 것을 많이 적어보세요. 순서도 상관없습니다."

몇몇 학생은 몇 줄을 적었지만 나머지 학생들은 더 이상 진전이 없었다.

"자, 이제 그만 됐습니다. 많이 힘든가요?"

"네, 힘들어요."

"잘 생각이 안 나요."

"머리 아파요."

학생들은 힘든 기색이 역력했다. 몇 분 안 되는 짧은 시간이었지만 많이 힘들어하는 걸 보니 그동안 "출력"하는 공부의 훈련이 되지 않았다는 것을 느낄 수 있었다.

"여러분, 방금 우리가 한 것은 〈출력하기〉라는 것입니다. 공부에서는 입력도 중요하지만 출력도 중요합니다. 출력을 통해 공부가 완성되는 거지요. 여러분은 입력하는 연습은 잘 되어 있는데 출력하는 연습은 잘 안 된 것 같군요. 이걸 계속 연습하면 수업 시간에도 집중을 잘 할 수 있게 되고 학습 효율도 올라갑니다."

"기억이 잘 안 나는 건 머리가 나빠서 그런 거 아닌가요?"

"바로 전 시간에 들은 수업 내용이 생각나지 않는 건 머리가 나빠서 그런 것도 아니고 수업 시간에 놀아서 그런 것도 아니니 너무 걱정 안 해도 돼요. 그동안 출력하는 훈련을 안 해서 갑자기 출력하려니 잘 안 되는 것일 뿐입니다."

"그런데 수업 시간에 집중한 것 같은데 기억나는 게 하나도 없어서 허망해요."

"네, 이제 점점 좋아질 겁니다."

첫 수업은 출력하기와 목표 관리법으로 진행했다. 목표를 세우고 그것을 관리하는 방법으로 어떻게 계획을 세워 효율적으로 시간을 쓸 것인지 등을 얘기 나눴다.

다음날 두 번째 수업 시간. 학생들이 하나둘씩 모여들었다. 한 학생이 질문했다.

"선생님, 오늘도 그거 해요?"

"그거? 뭘 말하는 거지?"

"어제 빡세게 한 거 있잖아요. 수업 내용 적어보는 거요."

"아, 출력하기 말하는구나."

"네, 그거요. 너무 힘들었어요."

학생은 어제 '수업 내용 적어보기(출력하기)'가 너무 힘들었다며 겸연쩍게 웃었다. 학생들은 그동안 집어넣는 것에만 열중했다. 학교 수업 시간에 듣고, 학원 수업이나 인터넷 강의도 열심히 듣고, 그렇게 듣고 또 들으며 머릿속에 집어넣기 위해 노력해왔지만 배운 것을 표현해보는 연습은 거의 전무했다. 이게 공부한 만큼 성과가 나오지 않는 이유였다.

"여러분, 공부는 입력만큼이나 출력도 중요합니다. 자기가 배운 내용을 글이나 말로 자꾸 표현해보세요. 표현하면 이해가 더 잘 되고 기억도 더 잘 됩니다. 죽을 힘을 다해 공부하지 않아도 자연스럽게 공부를 잘할 수 있게 됩니다. 강의를 들었으면 꼭 표현하는 시간을 가지세요."라고 표현의 중요성을 강조했다.

그런 다음 다시 수업 시간에 배운 내용을 적어보라고 했다. 이미 어제 한 번 경험을 한 뒤라서 학생들은 진지하게 적기 시작했다. 대부분 어제보다는 조금 더 적는 것을 볼 수 있었다. 하지만 아직 충분하게 적는 학생은 없었다. 연습장의 반 페이지 정도 적는 학생이 더러 있었다. 출력 시간을 마치고 교재를 확인해서 노트에 빠진 내용을 보충해서 적으라고 했다.

"자, 이제 책을 보고 미처 기억하지 못했던 부분을 노트에 옮겨 적어보세요. 색깔이 다른 펜으로 적으면 더 기억이 잘 나겠죠."

학생들은 교재를 확인하고 다른 색 펜으로 노트에 내용을 옮겨 적었다.

"자, 옮겨 적어보니 어떤가요? 어떤 생각이 들었나요?"

"아, 이거였지, 하는 생각이 들었어요."

"더 잘 기억이 나요. 나중에 적은 건 안 잊어먹을 것 같아요."

그때 한 학생이 질문했다.

"선생님, 이거 수학도 가능한가요?"

"물론 가능합니다. 여기 수학 했던 학생 손들어보세요."

몇 명이 손을 들었다.

"이 방법은 모든 과목에 적용할 수 있습니다. 그러니 남은 기간에 잘 훈련을 하시기 바랍니다."

이제 출력 노트에 적은 내용을 중심으로 서로에게 설명하는 시간을 가졌다.

"이번에는 노트에 적은 내용을 친구에게 설명하는 시간을 갖겠습니다. 두 명씩 짝을 지어서 앉아주세요."

"선생님, 저는 짝이 없는데요. 한 명 모자라요."

"그래? 그럼 나한테 설명을 하면 되겠군."

학생들은 서로 상대에게 출력한 내용을 설명했다. 짝이 없는 학생은 나에게 수업 내용을 설명했다. 수학 시간에 배운 내용을 열심히 설명하던 그 학생은 무척 신이 나 있었다. 재미있냐고 물으니 "네, 선생님, 효과가 좋은 것 같아요."라며 좋아했다. 그렇게 학생들은 출력 노트 쓰기에 조금씩 적응해가고 있었다.

네 번째 수업 시간에는 한 가지 공부 방법을 더 알려주었다.

"여러분, 출력 노트 참 잘하고 있네요. 그래서 오늘은 한 가지 방법을 더 알려줄게요. 이 방법까지 쓰게 되면 성적이 많이 오르게 될 겁니다."

나는 학생들에게 천천히 읽기 방법을 먼저 알려주었다. 그러면서 다음 날 수업할 부분을 천천히 읽기 방법(3SR2E)으로 해보자고 제안했다.

"여러분, 내일 수업에 진도 나갈 부분을 펴고 천천히 읽기 방법으로 해봅시다. 그동안은 배운 내용을 출력했는데 오늘은 미리 보는 거라서 조금 어려울 수도 있지만, 효과가 훨씬 크다는 것을 내일 확인하게 될 것입니다."

학생들은 진지하게 교재를 펴고 천천히 읽기 방법으로 여러 번 읽고 출력해서 노트에 적었다. 대부분 3~5번 정도 읽고 노트에 기록했다.

다음날, 학생들에게 어땠는지 물었다.

"어제 예습으로 천천히 읽기를 진행했는데, 오늘 수업 시간에 효과가 좀 있었나요?"

"네, 수업에 여유가 생겼어요."

"이해가 잘돼요."

"수업에 힘이 덜 들어요."

"숲을 보면서 나무를 하나하나 보는 느낌이에요."

다들 긍정적인 반응이었다. 그날부터 천천히 읽기로 미리 보기를 진행했고, 출력하기도 병행했다. 당장 효과를 본 학생들은 적극적으로 자신의 공부에 적용했다.

일주일쯤 지나자 학생들이 "이제 공부를 어떻게 해야 하는지 감이 잡혀요."라며 다들 이 방법을 꾸준히 실천하겠다고 했다. 좀 더 일찍 '출력 공부'를 하지 못한 것을 아쉬워했으며, 지금이라도 알게 된 것이 다행이라고도 했다. 한 학생은 따로 "출력 노트"라는 것을 만들어서 내게 보여줬다.

"선생님, 이거 출력 노트예요. 이제 계속 출력하는 공부를 할 겁니다."

학생들은 '출력 공부'와 '천천히 읽기'를 통해 공부에 재미와 흥미를 느끼게 됐다. 공부 방법을 익히고 습관을 들이려면 직접 그것을 해보고 효과를 체험하게 하는 것이 빠르고 정확하다.

🧠 문해력 학습법 tips

① 표현하는 공부는 학습 동기를 강화한다.

② 예습이나 복습에 천천히 읽기를 결합하라.

③ 자신이 직접 체험하고 느끼면 공부에 몰입할 수 있다.

학원을 그만뒀는데
성적이 올랐어요

중학생이 된 윤정이는 공부에 어려움을 겪고 있었다. 학교나 학원 수업 모두 따라가기가 어려웠다. 급기야 수학학원도 그만두었다. 최하위 성적으로 무슨 말인지도 모르는 수업을 듣고 있기가 너무 힘들었기 때문이다. 적극적인 성격이지만 공부 때문에 의기소침하고 소극적이고 위축이 되어 있었다.

다행히 윤정이는 책을 읽는 것을 좋아했다. 비문학 책보다는 판타지 같은 소설을 좋아하는 것이 문제였지만 그래도 책 읽기를 좋아한다는 것은 긍정적 신호였다.

첫날부터 사회 교과서를 가지고 천천히 제대로 읽기(3SR2E)를 연습했다. 먼저 한 단원의 3절(節)을 3번 천천히 읽고 노트에 내용을 적고, 나에게 설명하게 했다. 중간에 이해되지 않은 낱말은 찾아서 확인했다. 잠시 휴식 후 4절을 똑같은 방식으로 읽기 훈련을 했다. 윤정이는 집중을 잘하였고 설명도 또박또박 잘하였다.

"전에 이런 식으로 읽은 적 있니?"

"아니요, 이렇게 읽기는 처음이에요."

"해보니까 어때?"

"집중이 잘 되고 이해가 잘 되는 것 같아요."

"그러면 집에서 다음 절에 해당하는 부분을 한 번 연습해볼 수 있겠어?"

"네, 한번 해볼게요."

"다음 시간에 올 때는 수학 문제집을 가져와 봐. 수학도 3SR2E로 연습하면 돼."

"네? 수학도 그게 가능해요?"

윤정이는 수학도 3SR2E로 가능하다는 말에 기대감을 내비쳤다.

"수학은 학원을 그만뒀는데 이제 어떻게 할 거야?"

"네, 일단 동영상 강의 듣기 시작했어요."

"그래, 그렇게 해나가면서 개념을 3SR2E로 연습하면 차츰 나아질 거야."

2회차 수업.

이날도 사회 교과서로 3SR2E 훈련을 하였다.

[1회: 5분 24초, 2회: 3분 44초, 3회: 5분 4초]

읽기를 한 후 노트에 출력해서 적고 설명하는 시간을 가졌다. 주제가 '산지 지형의 형성'이었는데 지형에 관해 확인이 더 필요한 것 같아, 교과서의 산맥과 큰 강의 위치를 그려보도록 했다.

수학은 '유리수의 혼합 계산' 개념 부분을 3SR2E로 훈련했다. 사회 교과서로 했던 경험을 그대로 적용하니 어려움 없이 읽을 수 있었다.

"선생님, 그런데 이 문제를 집에서 풀어봤는데 못 풀었어요. 풀이를 봤는데도 잘 이해가 안 가요."

"너는 문제가 안 풀리면 어떻게 해결해?"

"풀이를 보거나 인강 선생님 설명을 들어요. 이 문제는 설명을 들어도 모르겠어요."

"그러면 풀이 보기 전에 몇 분 정도 생각해?"

"2~3분 정도요."

"그래? 그러면 오늘은 좀 더 생각해볼까?"

"오늘 5분에 도전해볼까? 수학 성적은 생각하는 시간이 늘어나야 올라가는 거야. 오늘은 일단 생각을 좀 더 해보자. 내가 시간을 잴게."

윤정이는 문제를 풀기 위해 계속 생각했다. 결국 6분 만에 문제를 풀었다.

"선생님, 풀었어요."

윤정이는 기뻐서 소리를 높였다.

"잘했어, 생각하니까 문제가 풀리는구나."

윤정이는 수학도 개념 부분은 3SR2E로 해나가기로 했고, 안 풀리는 문제는 생각하는 시간을 늘리기로 했다.

"선생님, 그런데 계속 생각했는데도 안 풀리면 그때는 어떻게 해요?"

"1번에 안 되면 2번, 3번 하면 되지. 꼭 한 번에 생각해서 다 해결할 필요는 없어."

"아, 네. 알겠어요."

3회차 수업.

윤정이와 3SR2E 했던 '건조기후와 툰드라 기후' 부분의 문제를 풀어보았다. 문제를 풀기 전에 개념 부분을 1번 더 정독했다. 윤정이는 기본 개념 문제는 다 맞았고, 연습 문제도 대부분 맞게 풀었다.

문제를 풀기 전에 윤정이에게 한 가지를 주문했다.

"그동안 문제를 풀 때 어떤 식으로 했지?"

"문제집에 답을 표시하고 채점했어요."

"그랬구나. 이제부터는 답을 노트에 적고 거기다 채점을 하자."

"왜요?"

"문제도 3SR2E처럼 3번 풀 거야."

"3번씩이나 풀어요?"

"그래야 완벽한 공부가 되는 거야. 맞힌 문제 중에서도 제대로 알지 못하는데 답만 맞은 경우도 있잖아. 틀린 문제는 더 확인을 해야 하고, 맞힌 문제는 반복 효과가 있어서 더 잘 외울 수 있지."

그런 다음 사회 과목에서 틀린 문제에 대해 왜 틀렸는지, 다른 것은 왜 답이 아닌지 설명하게 했다.

"답을 맞히는 것도 중요하지만, 그것이 왜 답이 되고 어떤 것은 왜 답이 안 되는지 명확하게 아는 것이 중요해. 그래야 제대로 된 공부가 될 수 있어."

"네, 그렇게 따져보니까 확실히 명쾌해지는 것 같아요."

사회 문제를 푼 후 3SR2E로 수학 개념 읽기를 진행했다.

"선생님, 그런데 여기 20번 문제를 풀어봤는데 안 풀려서 표시해 놨어요."

"그래? 그럼 지금 풀어볼까? 5분 이상 할 수 있겠어?"

"네, 해볼게요."

윤정이는 4분 25초 만에 문제를 풀어냈다.

"브라보, 생각하니까 문제가 또 풀렸네."

이렇게 매 수업 3SR2E를 연습하면서 윤정이의 읽기 능력과 생각하는 능력이 향상되는 것을 볼 수 있었다.

5회차 수업.

윤정이는 집에서도 사회와 수학을 3SR2E로 연습했다고 했다. 영어는 윤정이가 유일하게 다니는 학원인데, 이곳은 도서관 형식으로 동화책 읽기를 중심으로 진행되고, 어려운 문법이나 시험 위주 진행이 아니라서 부담이 적어 계속 다니고 있다.

"선생님, 그런데 수학 단원 종합 문제 18번, 19번을 못 풀었어요."

"그러면 다시 풀어보자."

18번은 1차에 4분이 걸렸지만 풀지 못했다. 잠시 쉬었다 다시 2차에 도전했다. 이번에는 13분 35초 만에 풀어냈다.

"와, 13분이 넘었어. 너의 최고 기록이야."

잠시 후 19번에 도전했다. 이번에는 16분 23초 만에 풀어냈다.

"윤정아, 너의 생각하는 능력이 점점 좋아지고 있어."

7회차 수업.

여름방학이 되자 윤정이는 근처 도서관에 다니기 시작했다. 도서관에서 책을 마음껏 읽을 수 있어서 좋다고 했다.

"선생님, 지난주에는 한 문제를 풀지 못해서 너무 힘들었어요. 1시간이나 생각했는데 못 풀었어요."

"그러면 개념을 한 번 더 읽은 다음에 풀어볼까?"

한 번 읽는 데 3분 48초가 걸렸다.

"어때? 이해가 잘 된 것 같아?"

"아니요, 한 번 더 읽어봐야 할 것 같아요."

윤정이는 2분 10초에 걸쳐 한 번 더 읽었다.

"이제 된 것 같아요. 다시 풀어볼게요."

윤정이는 집중하여 문제를 풀기 시작했다. 30분 35초 만에 문제를 해결했다. 점점 생각하는 시간이 늘어나고 재미를 붙이고 있었다.

사회 교과서는 '자원과 주민 생활' 부분을 3SR2E로 진행했다.

[1회: 4분 34초, 2회: 3분 42초, 3회: 2분 30초]

방학이 끝나자 과학과 국어도 3SR2E를 시작했다. 학교 진도보다 약간 앞서서 예습하는 형식으로 진행했는데, 윤정이는 집에서도 그 흐름을 유지했다. 공부한 단원은 반드시 문제를 풀어 확인했고, 1주일쯤 후에 다시 한번 문제를 풀었다. 어느 과목, 어느 단원이든 최소 3번은 문제를 풀었다. 그러자 학교에서 보는 수행 평가에서도 우수한 결과가 나왔다. 학년 말에 본 시험에서는 전부 100점을 맞았고 윤정이 스스로도 많이 놀랐다. 자신감을 회복한 윤정이는 혼자서도 3SR2E를 실천하려고 노력했다.

공부는 교재를 잘 읽고 노트에 잘 정리하고 생각하는 시간을 늘려나가면 저절로 몰입도가 올라가 실력이 향상될 수 있음을 확인할 수 있었다.

🧠 문해력 학습법 tips

① 모든 공부의 시작은 교과서와 자습서를 잘 읽는 것이다.

② 연습 문제는 3번 이상 풀어본다.

③ 수학 문제를 풀 때 생각하는 시간을 조금씩 늘려간다.

PART **3**

교과서 문해력
실천 노트

1. 문화 변용과 세계화

문화 접촉과 문화 전파

문화는 고정된 것이 아니라 계속 변화한다. 한 지역의 문화가 다른 지역의 문화와 만나는 현상을 문화 접촉이라 하는데, 접촉을 통해 문화는 상호작용을 하고 끊임없이 변화하게 된다. 오늘날 과학 기술의 발달로 교통과 통신이 편리해지면서 지역 간 교류가 확대되었다. 문화 접촉이 반복적으로 이루어지고 시간이 흐르면 한 사회의 문화 요소가 다른 사회로 전해져 정착하게 되는데, 이를 문화 전파(文化傳播)라고 한다.

문화 전파의 사례는 우리 주변에서 쉽게 찾아볼 수 있다. 미국 광부의 작업복으로 제작했던 청바지는 오늘날 세계인이 즐겨 입는 의복이 되었다. 아프리카 고원 지대에서 유래한 커피는 이슬람 문화와 유럽의 궁중 문화를 거치면서 세계적인 음료 문화로 자리 잡았다. 아시아와 유럽을 연결하는 길목에 위치한 터키는 케밥이 유명하다. 터키에서 발전한 케밥은 아시아, 유럽, 아메리카, 오세아니아의 다양한 국가로 퍼져나가 오늘날 세계 각지에서 먹는 요리가 되었다.

문화 전파에 따른 문화 변용

서로 다른 문화를 가진 집단 사이에 지속적인 접촉과 전파가 일어나면 한쪽 또는 양쪽의 문화가 변화하는 현상이 나타나는데, 이를 문화 변용(文化變容)이라고 한다. 문화 변용의 사례는 다양하다.

우리나라 전통 난방 방식인 온돌을 아파트에 적용하거나, 돌침대에 온돌 방식을 사용하는 것이 그 예다. 또 가톨릭교가 전 세계로 확산하면서 그 지역의 특성을 반영한 다양한 모습의 성모상을 세운 것을 들 수 있다. 과거에 우리나라에서는 글을 쓸 때 세로쓰기를 하였으나, 가로쓰기 방식이 들어오고 확산하면서 세로쓰기가 사라지게 되었다.

세계화가 문화 변용에 미치는 영향

한편 세계화(世界化, 국가와 지역 간 상호의존성이 커지고 세계가 하나의 체계로 통합되는 현상)가 진행되면서 문화의 접촉과 전파의 기회가 많아져 문화의 세계화 현상이 나타나고 있다. 문화의 세계화는 문화 변용에 많은 영향을 미치고 있는데, 특정 문화가 빠르게 전파되어 다른 문화를 해체하거나 특정 문화로 획일화(劃一化, 모두가 한결같아서 다름이 없게 되거나 그렇게 함)되는 경향도 나타난다. 하지만 다른 문화에 대한 이해를 높이고 새로운 문화 자극을 주어 다양한 모습으로 발전하거나 새로운 문화가 생기는 데 긍정적 영향을 미치기도 한다.

[3SR2E 연습 1] – 자세히 보아야 보인다

읽은 횟수	1회(이해하며 읽기)	천천히 읽은 시간	분	초
(해당하는 횟수에 ○표)	2회(밑줄 그으며 읽기)		분	초
	3회(무엇을 가르칠까?)		분	초

본문 내용을 생각하면서 최대한 기억해서 적어보세요. 자세히 기록할수록 좋습니다.

* 내용을 다 쓴 다음에는 본문을 보고 빠진 부분을 보충하거나 틀린 부분을 수정하세요. 그런 다음 내용을 다른 사람(또는 자신)에게 설명해보세요(2E-2번째 표현하기).

2. 자원의 의미와 특성

자원의 편재성

자원이란 인간이 생활하는 데 있어 유용하게 사용할 수 있는 모든 것을 의미한다.

좁은 의미에서 자원은 천연자원을 말하는데, 천연자원은 곡물, 육류와 같은 식량 자원과 석유와 천연가스, 석탄과 같은 에너지 자원, 그리고 철광석, 구리와 같은 광물 자원 등으로 구성된다. 넓은 의미에서 자원은 노동력, 창의력과 같은 인적 자원과 사회 제도, 전통 등의 다양한 문화 자원을 포함한다.

석유, 물, 식량 등 인간 생활에 필요한 자원은 지구상에 고르게 분포하지 않고 일부 지역에 집중된 경향이 있는데, 이러한 특성을 자원의 편재성(偏在性, 한곳에 치우쳐 있는 성질)이라고 한다.

자원 소비의 지역적 차이

석유 자원은 우리 생활에 가장 필요한 자원이지만 서남아시아, 베네수엘라, 미국 등 특정 지역에 매장되어 있다. 따라서 우리나라처럼 매장된 석유가 거의 없는 나라는 안정적으로 석유를 확보하기 위해 큰 노력을 하고 있다. 이렇게 편재성이 높은 자원은 생산지와 소비지가 달라 국제적 이동량이 많다.

물 자원은 인간 생활에 필수적이지만 어디서나 쉽게 구할 수 있는 것이 아니며, 대체할 자원이 없다는 특징도 있다. 여러 국가를 가로질러 흐르는 강을 국제 하천이라고 하는데, 국제 하천의 상류 국가에서는 더 많은 물을 확보하기 위해 댐을 건설하고 있다. 그렇게 되면 하류 지역에 위치한 국가는 수질이 오염되거나 상대적으로 물을 구하기가 더 어려워진다. 물 자원과 관련한 갈등이 발생하는 대표적인 하천으로는 유프라테스강, 나일강, 요르단강, 다뉴브강, 메콩강 등이 있다. 건조기후 지역의 물 부족 문제도 심각해지고 있다. 아랍 에미리트 같은 일부 부유한 건조 국가에서는 해수 담수화(海水 淡水化, 바닷물의 염분을 제거하여 강이나 호수처럼 염분이 없는 물로 만듦), 지하수 개발 등으로 안정적인 물 공급을 위해 노력한다.

식량 자원도 자연환경과 생산기술 등의 영향을 받아 지역별로 생산량의 편차가 크다. 또 인구 밀집 지역에서 많이 소비하기 때문에 국제 이동량도 많다. 식량 자급률(食糧自給率, 한 나라의 전체 식량 소비량에서 국내 생산으로 공급되는 정도를 나타내는 지표)이 낮은 국가에서는 수입 의존도가 높은데, 국제 곡물 가격이 상승하면 경제적 타격이 크므로 안정적인 식량 자원의 확보가 중요한 과제가 되었다. 최근 기후 변화와 사막화 등으로 농업 생산에 부정적 영향을 주는 환경 문제가 발생하고 있는데, 이 문제가 지속되면 식량을 둘러싼 분쟁은 더욱 증가할 것이다.

[3SR2E 연습 2] - 자세히 보아야 보인다

읽은 횟수 (해당하는 횟수에 ○표)	1회(이해하며 읽기)	천천히 읽은 시간	분	초
	2회(밑줄 그으며 읽기)		분	초
	3회(무엇을 가르칠까?)		분	초

본문 내용을 생각하면서 최대한 기억해서 적어보세요. 자세히 기록할수록 좋습니다.

* 내용을 다 쓴 다음에는 본문을 보고 빠진 부분을 보충하거나 틀린 부분을 수정하세요. 그런 다음 내용을 다른 사람(또는 자신)에게 설명해보세요(2E-2번째 표현하기).

3. 사회화의 의미와 과정

사회화의 의미

인간은 태어나면서부터 다른 사람과 관계를 맺고 영향을 주고받으며 살아가는데, 이러한 의미에서 인간을 사회적 존재라고 한다. 인간은 사회 구성원과 지속적인 상호작용(相互作用, 서로 영향을 주고받는 과정)을 하면서 인간다운 존재로 성장할 수 있다.

이처럼 인간이 태어나 다른 사람들과 생활하면서 자신이 속한 사회에 필요한 언어와 행동 양식, 지식과 가치관 등을 배워나가는 과정을 사회화(社會化)라고 한다. 인간은 사회화를 통해 사회적 존재로 성장한다.

사회화의 기능

사회화는 개인적·사회적 측면에서 중요한 기능을 담당한다. 개인적 측면에서 사회화는 사회에서 어떻게 행동해야 하는지를 배우고 소속감을 느끼며, 그 사회 구성원으로 성장해간다. 이를 통해 개인은 개성과 정체성(正體性, 자신의 목표나 역할, 가치관 등에 관한 명확한 인식을 말한다)이 형성되는데, 어느 사회에서 사회화 되었느냐에 따라 그 사람의 특성은 달라진다. 또한 사회적 측면에서 사회화는 한 사회의 규범(規範, 인간이 행동하거나 판단할 때에 마땅히 따르고 지켜야 할 가치 판단의 기준)과 가치를 공유하고 다음 세대에 전달하여 사회를 지속적으로 유지하고 발전시키는 기능을 한다.

　사회화는 태어나는 순간부터 죽을 때까지 평생에 걸쳐 계속된
다. 오늘날에는 급속한 사회 변화와 평균 수명의 증가로 이에 적
응하기 위해 새로운 지식, 기술, 행동 양식 등을 배우게 되는데,
이를 재사회화(再社會化)라고 한다. 새로운 직장에서 필요한 기
술과 지식을 익히거나 SNS(소셜네트워크서비스, 웹상에서 이용자들
이 인적 네트워크를 형성할 수 있게 해주는 서비스) 발달에 따라 새로
운 서비스를 익히는 것, 다문화 사회에 필요한 규범과 가치 등을
배우는 것 등이 재사회화에 해당한다.

사회화 과정과 사회화 기관

　사회화는 가정, 또래 집단, 학교, 직장, 대중 매체 등 다양한 사
회화 기관을 통해 이루어진다. 가정은 가장 기초적인 사회화 기
관으로, 기본적인 생활 습관, 언어, 예절 등을 배운다. 또한 또래
집단(비슷한 연령대의 친구 집단)에서는 놀이를 통해 공동체 생활
에 필요한 규칙과 질서를 배우게 된다. 청소년기에는 학교에서
사회생활에 필요한 지식이나 기술, 규범과 가치 등을 체계적으
로 학습한다. 성인이 되면 직장에서 업무에 필요한 지식과 기술,
행동 양식 등을 습득한다. 현대 사회는 신문, 텔레비전, 인터넷
등 대중 매체가 사회화에 많은 영향을 끼치며, 우리는 대중 매체
에서 다양한 지식과 정보를 접하고 다른 사람과 공유한다.

[3SR2E 연습 3] - 자세히 보아야 보인다

읽은 횟수	1회(이해하며 읽기)	천천히 읽은 시간	분	초
(해당하는 횟수에 ○표)	2회(밑줄 그으며 읽기)		분	초
	3회(무엇을 가르칠까?)		분	초

본문 내용을 생각하면서 최대한 기억해서 적어보세요. 자세히 기록할수록 좋습니다.

* 내용을 다 쓴 다음에는 본문을 보고 빠진 부분을 보충하거나 틀린 부분을 수정하세요. 그런 다음 내용을 다른 사람(또는 자신)에게 설명해보세요(2E-2번째 표현하기).

4. 문화를 바라보는 태도

자문화 중심주의

과거 중국인들은 자신들이 세계의 중심이라 여기고, 주변 민족을 오랑캐라고 부르며 무시하였으며, 자기 문화가 가장 우수하다고 여겼다. 또한 고대 그리스인들은 북쪽의 유럽인을 야만인이라 부르며 무시하였다. 이처럼 자신이 속한 사회의 문화만을 우수하다고 생각하고 다른 사회의 문화를 무시하며 열등하다고 여기는 문화 태도를 자문화(自文化) 중심주의라고 한다.

자문화 중심주의는 자기 문화에 대한 자부심을 느끼게 하고 문화권 내의 결속력을 강화하는 데 도움이 될 수 있다. 하지만 자기 문화의 우월성만을 강조하면서 다른 문화를 무시하기 때문에 갈등을 일으키기도 한다. 또한 다른 문화를 배척하다 보면 스스로 고립되는 결과를 초래할 수도 있다.

한편, 이러한 태도가 지나칠 경우 다른 문화에 자신의 문화를 강요하는 문화 제국주의(경제적, 군사적으로 우월한 국가가 다른 국가에 자신의 문화를 강요하는 것)로 흐를 수도 있다.

문화 사대주의

자문화 중심주의와는 반대로, 자신이 속한 문화를 열등하다고 생각하고 다른 사회의 문화를 우월한 것으로 여겨 동경하거나 추종하는 문화 이해 태도를 문화 사대주의(事大主義)라고 한다.

조선에서 제작한 세계 지도인 천하도는 중국, 일본 등에서는 찾아볼 수 없는 우리나라 고유의 세계 지도이다. 지도에는 중국이 세계의 중심으로 중앙에 크게 자리하고 있고 조선 등 주변국은 중국을 둘러싸고 있는 모습으로 표현하였다. 이는 당시 조선 사회의 문화 사대주의적 세계관을 보여주는 사례라고 할 수 있다.

문화 사대주의 태도는 선진(발전의 단계나 진보의 정도가 다른 것보다 앞섬) 문물을 받아들여 자기 문화를 발전시키는 데 도움을 주기도 한다. 하지만 자기 문화의 가치를 비하하여 문화의 고유성과 주체성을 상실할 우려가 있다.

문화 상대주의

자문화 중심주의와 문화 사대주의는 특정 문화를 우월한 것으로 본다는 공통점이 있다. 문화에 우열이 있다는 생각은 자신이 바라보는 문화를 있는 그대로 이해하기 어렵게 하므로 유의해야 한다.

한 사회의 문화는 오랜 기간에 걸쳐 그 사회의 환경과 필요에 따라 형성되었기 때문에 나름의 가치와 의미를 지닌다. 그러므로 문화 간에 우열(愚劣)을 평가하는 것은 바람직하지 못하다. 따라서 한 사회의 문화를 바르게 이해하려면 그 문화가 형성된 상황이나 배경을 고려하는 태도가 필요한데, 이를 문화 상대주의(相對主義)라 한다.

그러나 문화 상대주의적 태도가 필요하다고 해서 모든 사회의 문화가 존중받아야 한다는 것은 아니다. 식인(食人) 풍습이나 명예 살인(가족 혹은 공동체의 명예를 더럽혔다고 생각되는 구성원을 가족이나 마을 사람이 살해하는 일) 등의 인류 보편의 가치를 무시하는 문화까지 존중하는 극단적 문화 상대주의는 경계해야 한다.

[3SR2E 연습 4] – 자세히 보아야 보인다

읽은 횟수 (해당하는 횟수에 ○표)	1회(이해하며 읽기)	천천히 읽은 시간	분	초
	2회(밑줄 그으며 읽기)		분	초
	3회(무엇을 가르칠까?)		분	초

본문 내용을 생각하면서 최대한 기억해서 적어보세요. 자세히 기록할수록 좋습니다.

* 내용을 다 쓴 다음에는 본문을 보고 빠진 부분을 보충하거나 틀린 부분을 수정하세요. 그런 다음 내용을 다른 사람(또는 자신)에게 설명해보세요(2E-2번째 표현하기).

5. 민주 정치의 발전 과정

고대 아테네의 민주 정치

민주주의는 시민 스스로가 지배하고 통치하는 정치체제를 의미한다. 민주 정치는 고대 그리스의 아테네에서 그 기원을 찾을 수 있는데, 민주주의(Democracy)는 그리스어로 '민중'을 뜻하는 데모스(Demos)와 '지배'를 뜻하는 크라티아(Kratia)가 합쳐진 말이다.

고대 아테네는 도시 국가였기 때문에 공동체에 속한 모든 시민이 정치에 직접 참여하는 직접 민주 정치가 발전할 수 있었다. 법률을 제정하고 세금을 납부하는 등 국가의 주요 정책을 모든 시민이 참여하는 민회에서 결정하였고, 시민들은 추첨을 통하거나 돌아가면서 누구나 공직에 참여할 기회를 얻었다. 하지만 자유민인 성인 남성만 참정권(參政權, 정치에 참여할 수 있는 권리)을 가졌고, 여성, 노예, 외국인 등은 정치에 참여할 수 없었기 때문에 제한된 형태의 민주 정치라는 한계가 있었다.

근대 민주 정치

고대 그리스 아테네 이후 역사에서 사라졌던 민주 정치는 근대 시민혁명(市民革命)을 거치면서 다시 등장하였다. 시민 계급*은 왕이나 귀족의 지배에 맞서 자유와 권리를 찾기 위해 투쟁하였다. 시민혁명은 인간은 자유롭고 평등하게 태어났으며 국가는 개인들 간의 합의로 이루어졌다는 사상을 바탕으로 하였다.

영국 명예혁명(1688), 미국 독립 혁명(1776), 프랑스 혁명 (1789)을 거치면서 시민이 정치에 참여하여 주권을 행사하게 되었고, 인간의 존엄성, 자유, 평등과 같은 민주주의의 이념이 확립되었다. 고대 아테네와 달리 근대에는 시민의 대표로 구성된 의회에서 국가 정책을 결정하는 대의 정치(代議政治)인 간접 민주 정치가 이루어졌다. 그러나 노동자, 여성, 농민, 빈민 등은 정치에 참여할 수 없었다는 점에서 한계가 있었다.

현대 민주 정치

시민혁명 이후에도 여전히 정치에 참여할 권리를 갖지 못했던 노동자, 여성 등은 차티스트 운동(1838~1848, 영국 노동자들이 선거권 획득을 위해 펼친 운동), 흑인 참정권 운동, 여성 참정권 운동 등을 통해 점차 선거권을 획득하였다. 그 결과 20세기 중반에 들어와서는 대부분 국가에서 성별, 신분, 재산 등에 따른 제한 없이 일정한 나이 이상의 모든 사회 구성원에게 선거권을 부여하는 보통 선거 제도가 확립되었다. 보통 선거의 정착으로 모든 사회의 구성원이 정치에 참여하는 대중 민주주의 시대가 열리게 되었다.

현대 민주 정치는 대의 정치를 기본으로 하고 있으므로 시민의 의사를 제대로 반영하기 어려운 면이 있다. 그래서 이를 보완

하기 위해 국민 투표, 국민 소환(선거로 선출된 대표 중에서 유권자
들이 부적격하다고 생각하는 자를 임기가 끝나기 전에 국민 투표로 파면
시키는 제도) 등의 제도를 마련하고 있다.

---

*시민 계급: 서양 봉건 시대에, 제3계급이었던 도시의 상공(商工) 시민. 시민 계급은
상업, 수공업, 해운업의 발달로 그들의 위치를 더욱 확고히 해나갔다. 프랑스 혁명
을 계기로 제1계급과 제2계급인 귀족과 성직자에게서 정치 권력을 빼앗고, 산업 혁
명 이후에는 중간 계급과 자본가 계급을 형성하여 자본주의 시대를 주도하는 담당
자가 되었다.

[3SR2E 연습 5] – 자세히 보아야 보인다

읽은 횟수	1회(이해하며 읽기)	천천히 읽은 시간		분	초
(해당하는 횟수에 ○표)	2회(밑줄 그으며 읽기)			분	초
	3회(무엇을 가르칠까?)			분	초

본문 내용을 생각하면서 최대한 기억해서 적어보세요. 자세히 기록할수록 좋습니다.

* 내용을 다 쓴 다음에는 본문을 보고 빠진 부분을 보충하거나 틀린 부분을 수정하세요. 그런 다음 내용을 다른 사람(또는 자신)에게 설명해보세요(2E-2번째 표현하기).

1. 르네상스와 종교 개혁

이탈리아와 르네상스

14세기 무렵, 이탈리아에서는 그리스·로마의 고전 문화를 부활하고자 하는 문예 부흥 운동인 '르네상스'가 일어났다. 르네상스는 '재생·부활'이라는 뜻으로, 고대 그리스·로마 문화의 부활을 의미한다. 지중해 무역이 발달하면서 이탈리아에서는 상공업과 도시가 발달하였는데, 이 지역은 고대 로마의 문화유산을 간직하고 있던 곳이었다. 여기에 비잔티움 제국(동로마 제국) 멸망 이후 많은 학자가 이주해오면서 고전 문화 연구는 더욱 활발해졌다.

르네상스 운동은 문학과 예술 등에서 활발히 일어났다. 페트라르카는 라틴어 고전을 연구하고 인간의 사랑과 자연의 아름다움을 서정시로 표현하였고, 보카치오는 《데카메론》에서 인간의 욕망을 사실적으로 묘사하였다. 예술 분야에서도 천재적인 예술가들의 활동이 있었다. 레오나르도 다빈치의 '최후의 만찬', 미켈란젤로의 '다비드', 라파엘로의 '아테네 학당' 등의 걸작이 탄생하였다.

알프스 이북의 르네상스

16세기 이후 르네상스 운동은 알프스 이북으로 확산되었다. 봉건 사회와 교회의 영향력이 컸던 알프스 이북의 르네상스는 사회와 교회의 문제점을 비판하는 개혁 성향이 강하였다. 네덜란드의 에라스뮈스는 《우신예찬》에서 교회의 모순을 날카롭게 지적하였고, 영국의 토머스 모어는 《유토피아》를 지어 영국 사회의 현실을 비판하였다. 또한 라틴어 대신 자국어로 쓴 국민 문학이 발달하였다. 셰익스피어는 영어로 《햄릿》을 비롯하여 수많은 작품을 남겼고, 세르반테스는 에스파냐어로 《돈키호테》를 썼다. 미술에서는 서민의 생활 모습을 표현한 작품이 등장하였다.

한편 르네상스 시대의 인간과 자연에 대한 탐구는 과학과 기술의 발달을 이끌었다. 코페르니쿠스, 갈릴레이 등은 지동설을 주장하여 새로운 우주관을 제시하였고, 이는 과학 혁명으로 이어졌다. 구텐베르크는 활판 인쇄술을 발명하여 학문의 발달과 지식의 보급에 크게 이바지하였다.

종교 개혁

16세기 알프스 이북에서는 부패한 가톨릭교회를 비판하며 개혁을 요구하는 목소리가 높아졌다. 이러한 상황에서 교황 레오 10세가 성 베드로 성당의 증축 비용을 마련하기 위해 면벌부(免罰符, 중세에 로마 가톨릭교회가 금전이나 재물을 바친 사람에게 그 죄를

면한다는 뜻으로 발행하던 증서)를 판매하자, 독일의 루터는 〈95개조 반박문〉을 발표하여 이를 비판하였다(1517). 그는 인간의 구원은 오직 신앙과 은총에 의해서만 가능하고 신앙의 근거는 《성서》라고 주장하였다. 그의 주장은 인쇄술의 발달로 널리 퍼졌고, 영주들의 지지를 얻었다. 오랜 투쟁 끝에 루터파는 아우크스부르크 화의(和議, 화해하려고 협의함)에서 공식적으로 인정받았다(1555).

스위스에서는 칼뱅이 '인간의 구원은 신에 의해 이미 정해져 있다.'는 예정설을 주장하며 종교 개혁을 일으켰고, 영국에서는 국왕 헨리 8세가 스스로 교회의 수장이 되어 영국 국교회를 성립시켰다. 종교 개혁이 확산되면서 구교(가톨릭)와 신교(루터파, 칼뱅파) 사이의 갈등도 깊어져 종교 전쟁으로 이어졌다. 특히 독일에서 일어난 30년 전쟁은 주변 여러 나라가 참가하면서 국제 전쟁으로 확대되었다. 오랜 전쟁으로 수많은 생명이 희생된 끝에 베스트팔렌 조약이 체결되어 칼뱅파가 공인되었다(1648).

[3SR2E 연습 1] – 자세히 보아야 보인다

읽은 횟수 (해당하는 횟수에 ○표)	1회(이해하며 읽기)	천천히 읽은 시간	분	초
	2회(밑줄 그으며 읽기)		분	초
	3회(무엇을 가르칠까?)		분	초

본문 내용을 생각하면서 최대한 기억해서 적어보세요. 자세히 기록할수록 좋습니다.

* 내용을 다 쓴 다음에는 본문을 보고 빠진 부분을 보충하거나 틀린 부분을 수정하세요. 그런 다음 내용을 다른 사람(또는 자신)에게 설명해보세요(2E–2번째 표현하기).

2. 미국 혁명

혁명의 배경

17세기부터 많은 영국인이 종교의 자유와 경제적 기회를 찾기 위해 북아메리카로 이주하였다. 이들은 18세기 초까지 북아메리카 동부 대서양 연안에 13개의 식민지를 건설하였다. 영국은 식민지에 총독을 파견했지만, 식민지 주민은 독자적인 의회를 구성하여 자치를 누렸다.

18세기 후반, 영국은 프랑스와 벌인 7년 전쟁으로 재정이 악화되자, 아메리카 식민지에서 새로운 세금을 걷어 재정을 충당하려고 하였다. 이에 식민시에서 수입하는 차와 설낭 등에 세금을 부과하고 신문, 서적 등에 인지를 사서 붙이게 하는 인지세법을 제정하자, 식민지 주민들의 불만이 커졌다.

식민지 주민은 영국 의회에 자신들을 대표하는 의원이 없으므로, "대표 없는 곳에 세금을 부과할 수 없다."라며 반발하였다. 그 뒤 보스턴 차 사건(1773, 인디언으로 변장한 백인 수십 명이 보스턴항에 정박 중이던 영국 선박을 습격한 뒤 차 상자들을 바다에 던져버린 사건)이 일어나 영국과 식민지의 관계는 더욱 악화되었다.

독립 전쟁의 발발

영국이 보스턴 차 사건을 계기로 보스턴항을 봉쇄하자, 식민지 대표들은 대륙 회의를 열어 영국의 탄압에 항의하였다. 결국 영국 군대와 식민지 민병대의 무력 충돌을 계기로 독립 전쟁이 발발하였다. 식민지 대표들은 조지 워싱턴을 총사령관으로 임명하고 '독립선언서'를 발표하였다(1776). 그들은 이 선언문에서 인간의 기본권과 민주주의를 천명(闡明, 진리나 사실, 입장 따위를 드러내어 밝힘)하였다.

전쟁 초기에는 전투 경험이 적고 무기도 열악한 독립군이 불리하였다. 그러나 독립군 총사령관 조지 워싱턴의 활약과 끈질긴 저항, 영국과 경쟁 관계에 있던 프랑스를 비롯한 여러 나라의 지원으로 전세는 역전되었다. 결국 독립군은 요크타운 전투에서 대승을 거두고, 영국과 파리 조약을 맺고 독립을 인정받았다(1783).

아메리카 합중국의 탄생

독립 후 13개 주의 대표는 각 주의 독립성을 보장하는 동시에 중앙 정부인 연방 정부의 권한을 강화하는 연방 헌법을 제정하였다. 이 헌법에 따라 각 주의 대표는 이듬해에 조지 워싱턴을 대통령으로 선출하였고, 아메리카 합중국(미국)은 삼권 분립(국가 권력을 입법, 사법, 행정권으로 분리하여 서로 견제하도록 한 국가의 조직 원리)에 바탕을 둔 세계 최초의 민주 공화국이 되었다.

미국 혁명은 영국의 지배에서 벗어난 독립 혁명이자, 자유와 평등의 이념을 실현한 시민혁명이었다. 미국 혁명은 전제정치

(專制政治, 지배자가 국가의 모든 권력을 장악하여 마음대로 권력을 운용하는 정치체제)에 시달리던 유럽에 자극제가 되어 프랑스 혁명에 큰 영향을 주었다. 또한 식민 지배를 받고 있던 라틴 아메리카의 독립운동에 영향을 주었다.

[3SR2E 연습 2] - 자세히 보아야 보인다

읽은 횟수	1회(이해하며 읽기)	천천히 읽은 시간		분	초
(해당하는 횟수에 ○표)	2회(밑줄 그으며 읽기)			분	초
	3회(무엇을 가르칠까?)			분	초

본문 내용을 생각하면서 최대한 기억해서 적어보세요. 자세히 기록할수록 좋습니다.

* 내용을 다 쓴 다음에는 본문을 보고 빠진 부분을 보충하거나 틀린 부분을 수정하세요. 그런 다음 내용을 다른 사람(또는 자신)에게 설명해보세요(2E-2번째 표현하기).

3. 프랑스 혁명

구제도의 모순

18세기에 프랑스는 절대 왕정과 신분제를 계속 유지하였다. 제1신분인 성직자와 제2신분인 귀족은 많은 특권을 누렸지만, 제3신분인 평민은 무거운 세금을 내면서도 정치 참여의 기회를 얻지 못하였다. 그러나 상공업이 발달하면서 부유해진 시민 계급이 구제도(舊制度)*의 모순을 비판하기 시작하였다. 이들은 계몽사상과 미국 혁명의 영향을 받아 자유롭고 평등한 사회 건설을 꿈꾸었다.

혁명의 시작과 입법 의회 구성

루이 16세는 왕실의 사치와 미국 혁명 지원으로 어려워진 재정 문제를 해결하기 위해 성직자, 귀족, 평민의 대표로 이루어진 삼부회를 소집하였다(1789). 삼부회에서 제3 신분(평민) 대표들은 기존의 신분별 표결 방식 대신 머릿수에 따른 표결 방식을 요구하였으나, 왕과 귀족이 이를 거부하였다. 그러자 평민 대표는 국민 의회를 구성하고, 테니스코트에 모여 새 헌법을 제정할 때까지 해산하지 않겠다고 선언하였다(테니스코트 선언). 왕이 군대를 동원하여 국민 의회를 해산하려고 하자, 분노한 파리 시민이 전제정치(專制政治)의 상징인 바스티유 감옥을 습격하였다.

혁명이 전국으로 확산되는 가운데 국민 의회는 봉건제(封建制)

폐지를 선언하고 자유와 평등의 이념을 담은 〈인간과 시민의 권리 선언(인권 선언)〉을 발표하였다. 그리고 입헌 군주제(立憲君主制, 군주의 권력이 헌법에 의해 일정한 제약을 받는 정치체제)와 재산에 따른 선거권 부여 등을 규정한 헌법이 제정되고, 입법 의회가 구성되었다.

국민 공회 시기

프랑스와 인접한 오스트리아와 프로이센은 자기 나라까지 혁명이 번질 것을 우려해 프랑스를 위협하였다. 그러자 입법 의회는 선전 포고를 하고 혁명전쟁에 돌입하였다. 이런 가운데 생활이 어려워진 파리 민중이 왕궁을 습격하였다. 이에 왕권이 정지되면서 입법 의회 대신 국민 공회가 수립되었다. 국민 공회는 공화정(共和政)을 선포하고 성인 남성의 보통 선거권을 보장하는 등의 개혁을 추진하였다.

한편 외국으로 탈출하려던 루이 16세가 반역죄로 처형되자, 이에 놀란 유럽 각국은 동맹을 결성하여 프랑스를 침략하였다. 국민 공회를 주도한 로베스피에르는 외국과의 전쟁을 위해 징병제를 실시하고, 혁명에 반대하는 사람들을 탄압하는 공포정치를 폈다.

공포정치가 계속되자 시민의 불만이 고조되었고, 로베스피에르는 반대 세력에 의해 처형되었다. 이후 5명의 총재가 행정과 외교를 담당하는 총재 정부가 들어섰으나 총재 정부 역시 무능하여 많은 국민이 실망하였다. 이 무렵 오스트리아와의 전쟁에서 공을 세워 대중적 지지를 얻은 나폴레옹이 쿠데타로 총재 정부를 무너뜨리고 정권을 장악하여 통령 정부를 수립하였다 (1799).

*구제도(舊制度): 역사적으로는 프랑스 혁명 전의 프랑스 사회를 총괄적으로 지칭하고, 확대시켜 의미할 경우에는 근대화 이전의 사회를 가리킨다. 프랑스 혁명 전 프랑스의 신분제 사회에서 나타난 신분적 차별을 비롯한 사회적 문제점을 총칭하여 구제도의 모순이라고 한다.

[3SR2E 연습 3] - 자세히 보아야 보인다

읽은 횟수 (해당하는 횟수에 ○표)	1회(이해하며 읽기)	천천히 읽은 시간	분	초
	2회(밑줄 그으며 읽기)		분	초
	3회(무엇을 가르칠까?)		분	초

본문 내용을 생각하면서 최대한 기억해서 적어보세요. 자세히 기록할수록 좋습니다.

* 내용을 다 쓴 다음에는 본문을 보고 빠진 부분을 보충하거나 틀린 부분을 수정하세
  요. 그런 다음 내용을 다른 사람(또는 자신)에게 설명해보세요(2E−2번째 표현하기).

4. 산업 혁명의 전개

영국에서 시작된 산업 혁명

18세기 후반 기계의 발명과 기술 혁신으로 공업 생산력이 늘어나고 경제와 사회 구조에 큰 변화가 나타났는데, 이를 산업 혁명이라고 한다. 산업 혁명은 영국에서 가장 먼저 시작되었다.

영국은 산업화에 유리한 조건을 골고루 갖추고 있었다. 영국은 모직물 공업의 발달로 자본이 축적되었고 명예혁명과 내각 책임제의 도입 등으로 일찍부터 정치적 안정을 이루었다. 또한 석탄과 철 등의 지하자원도 풍부하였고 넓은 식민지를 확보하여 충분한 원료 공급지와 상품 시장을 깆고 있었다. 그뿐 아니라 토지를 잃은 농민이 도시로 몰려들어 값싼 노동력이 풍부하였다.

산업 혁명의 전개

영국 산업 혁명의 주력 분야는 면직물 공업이었다. 18세기에 값싸고 가벼운 옷감인 면직물의 수요가 크게 늘면서 이를 대량으로 생산할 방법이 필요하였다. 실로 옷감을 짜는 방직기와 목화에서 실을 뽑는 방적기가 잇따라 발명되면서 면직물이 영국에서 대량 생산되었다. 여기에 제임스 와트가 개량한 증기기관이 동력(動力, 기계를 움직여 일을 하게 하는 힘)으로 사용되면서 면직물 생산이 크게 증가하였다. 이러한 동력 혁명으로 제품의 대량 생산 체제가 확립되고 생산력이 크게 향상되면서 자본주의(資本

主義)가 발전하였다.

증기기관의 개량(改良, 나쁜 점을 보완하여 더 좋게 고침)은 교통 혁신을 가져왔다. 증기 기관차와 증기선 등이 개발되어 원료와 상품, 사람의 이동과 교류가 활발해졌다. 한편 모스가 유선 전신을, 벨이 전화를 발명하는 등 통신 분야에서도 혁명적인 발전이 이어졌다. 교통 수단과 통신 수단의 발달로, 상품 시장이 확대되고 교역량이 증가하면서 산업화는 전 세계로 급속히 확산되었다.

산업 혁명의 확산

가장 먼저 산업 혁명을 이룬 영국은 '세계의 공장'으로 불리며 세계의 산업을 주도하였다. 영국의 산업 혁명은 다양한 경로를 통해 여러 나라로 빠르게 퍼져나갔다. 19세기 전반에는 벨기에와 프랑스가, 19세기 후반에는 미국과 독일이 중화학 공업을 중심으로 하여 산업화에 성공하였다. 19세기 말부터는 러시아와 일본에서도 산업화가 진행되었다.

이러한 산업 혁명은 각국의 정치적 상황이나 환경에 따라 다르게 전개되었다. 영국은 민간 주도로 산업 혁명을 시작한 반면, 뒤늦게 시작한 독일과 러시아, 일본 등은 정부가 적극 개입하여 산업 혁명을 이끌었다.

[3SR2E 연습 4] – 자세히 보아야 보인다

읽은 횟수 (해당하는 횟수에 ○표)	1회(이해하며 읽기)	천천히 읽은 시간	분	초
	2회(밑줄 그으며 읽기)		분	초
	3회(무엇을 가르칠까?)		분	초

본문 내용을 생각하면서 최대한 기억해서 적어보세요. 자세히 기록할수록 좋습니다.

* 내용을 다 쓴 다음에는 본문을 보고 빠진 부분을 보충하거나 틀린 부분을 수정하세요. 그런 다음 내용을 다른 사람(또는 자신)에게 설명해보세요(2E–2번째 표현하기).

5. 냉전 체제의 형성과 전개

냉전 체제의 형성

제2차 세계 대전이 끝난 후 소련의 영향으로 동유럽에서 공산
주의 정권이 세워졌고, 서유럽 지역에서도 경제 상황이 악화하
면서 공산당 세력이 성장하였다. 미국은 공산주의 세력의 팽창
을 막겠다고 선언하고(트루먼 독트린, 1947), 서유럽의 경제를 지
원하기 위한 마셜 계획을 수립하였다. 그리고 미국과 서유럽 국
가는 상호 군사 원조와 집단 방어를 위한 북대서양 조약 기구
(NATO)를 결성하였다.

소련도 미국의 영향력 확대를 견제하기 위해 동유럽 국가와
경제 상호 원조 회의(COMECON)와 바르샤바 조약 기구(WTO)
를 조직하였다. 이러한 과정을 거치면서 세계는 미국 중심의 자
본주의 진영과 소련 중심의 공산주의 진영으로 나뉘어 대립하는
냉전 체제(冷戰體制)가 형성되었다.

냉전의 확산

냉전(Cold War) 체제가 형성된 이후 미국과 소련을 대표로 하
는 자본주의 진영과 공산주의 진영은 세계 각지에서 충돌하였
다. 2차 대전 후 미국·영국·프랑스·소련에 의해 분할 점령되었던
독일에서도 미국과 소련이 충돌하였다. 1948년, 미국·영국·프랑
스가 독일의 서베를린 지역을 통합하자, 동부 독일과 동베를린

을 점령하고 있던 소련이 서베를린으로 통하는 통로를 봉쇄하였다(베를린 봉쇄). 서베를린이 봉쇄당하자 미국은 비행기 등을 이용하여 생필품을 운반하였다. 이로 인해 자본주의와 공산주의 진영이 대립하다 결국 서독과 동독이 세워져 독일이 분단되었다(1949). 나중에는 동·서 베를린 사이에 냉전 체제의 상징인 베를린 장벽이 설치되었다(1961).

미국과 소련은 경쟁적으로 군사적인 힘을 키워나가며 핵무기를 개발하였다. 1962년에 소련이 쿠바에 핵미사일 기지를 건설하려 하자, 쿠바와 지리적으로 가까운 미국은 이를 위협으로 받아들이고 쿠바 해상을 봉쇄하였다. 이로 인해 미국과 소련의 갈등이 표면화되어 전쟁 위기가 초래되었다(쿠바 미사일 위기).

아시아로 확산된 냉전

냉전으로 인한 대립이 아시아로 확산되면서 중국에서는 공산당과 국민당 사이에 내전이 벌어졌다. 토지 개혁을 주장한 공산당이 대중의 지지를 확보하여 승리하였고, 마오쩌둥을 중심으로 중화 인민 공화국을 수립하였다(1949). 한편 패배한 국민당은 타이완으로 밀려났다.

광복을 맞이한 한국은 냉전의 영향으로 남과 북으로 나뉘었고, 북한의 기습 남침으로 6·25 전쟁이 일어났다(1950). 6·25 전쟁은 유엔군과 중국군이 개입하면서 국제전의 양상을 띠었다.

이 전쟁으로 한반도의 분단이 굳어져 냉전이 격화되었다.

베트남은 독립 이후 공산주의 정권이 들어선 북베트남과 미국이 지원하는 남베트남으로 나뉘어 대립하다가 베트남 전쟁이 일어났다. 이 전쟁에서 북베트남이 승리하면서 베트남은 통일되었다(1975).

[3SR2E 연습 5] – 자세히 보아야 보인다

읽은 횟수	1회(이해하며 읽기)	천천히 읽은 시간	분	초
(해당하는 횟수에 ○표)	2회(밑줄 그으며 읽기)		분	초
	3회(무엇을 가르칠까?)		분	초

본문 내용을 생각하면서 최대한 기억해서 적어보세요. 자세히 기록할수록 좋습니다.

* 내용을 다 쓴 다음에는 본문을 보고 빠진 부분을 보충하거나 틀린 부분을 수정하세요. 그런 다음 내용을 다른 사람(또는 자신)에게 설명해보세요(2E-2번째 표현하기).

STEP 3 중학 한국사

1. 고구려의 성립과 성장

부여에서 무리를 이끌고 내려온 주몽은 압록강 유역의 토착(대대로 그 땅에서 살고 있음) 세력과 함께 졸본 지역에 고구려(高句麗)를 건국하였다(기원전 37). 압록강 중류 산간(산과 산 사이. 산골짜기가 많은 땅) 지역에 위치해 농경이 불리하였던 고구려는 주변 소국들을 복속(복종하여 따르게 함)시키면서 점차 영토를 확장하고 평야지대로 진출하고자 하였다.

고구려 초기의 정치집단으로는 계루부, 소노부, 절노부, 관노부, 순노부의 5부가 있었다. 처음에는 소노부가 고구려를 이끄는 중심 세력이었으나 주몽의 계루부에게 주도권이 넘어갔다. 이후 계루부의 고씨가 왕위를 세습(재산·신분·직업 따위를 그 자손들이 대대로 물려받는 일)하였다. 왕 아래에는 상가, 패자, 고추가 등의 관직이 있었고 5부의 대가(각 부(部)의 부족장을 일컫던 말)가 중심이 되어 국가를 운영하였다.

애초에 각 부의 대가들은 부족의 전통을 바탕으로 각자의 영역을 다스렸는데, 왕권이 성장하면서 자치적 성격이었던 5부를 행정적 성격으로 개편하였다. 더불어 각 부의 족장들도 중앙의 귀족이 되었다. 왕위 계승도 부자 상속으로 확립하는 등 삼국 중에서도 가장 먼저 중앙 집권 체제를 확립하였다.

척박한 산악지대에 자리 잡은 고구려는 지리적 여건을 극복하기 위하여 일찍부터 주변 지역을 정복하는 데 힘을 기울였다. 그 결과 1세기 후반 태조왕 때에는 동쪽으로 개마고원을 넘어 옥저를 복속하였으며, 서쪽으로 줄기차게 공격하여 중국의 한을 압박하고 요동* 진출을 꾀하였다. 또한, 남쪽으로는 청천강 일대로 영토를 넓혀갔다. 고구려의 국력은 점점 강해졌고 국가의 재정도 넉넉해지면서 고국천왕 때에는 진대법**을 시행하기에 이르렀다(194).

이러한 고구려의 성장은 주변의 중국 세력에게는 큰 부담으로 다가왔다. 3세기 중엽 동천왕 때, 중국의 위가 고구려를 침략하여 수도인 환도성이 함락되기도 하였다. 그러나 고구려는 재빠르게 전열을 정비하고 반격을 하여 위 군대를 물리쳤다. 이후 고구려는 중국의 5호 16국 시대의 혼란을 이용하여 국력을 회복하고 외적 팽창을 지속하였다. 미천왕은 낙랑군***을 점령함으로써 중국의 군현 세력을 한반도에서 완전히 몰아내었다(313).

삼국의 세력 확장

*요동(遼東): 중국 요하(遼河, 라오허강)의 동쪽 지방. 지금의 요녕성(遼寧省) 동남부 일대를 일컬음. 우리나라와 지리적으로 매우 가깝고, 특히 중국으로 가는 중요한 육상 통로이기 때문에 각종 외교 사절과 상인들의 왕래가 빈번하게 이루어지기도 했음. 그 중요성 때문에 오래전부터 이곳의 영유권을 놓고 우리나라와 중국, 그리고 북방 민족 간의 다툼이 치열하게 벌어지기도 하였다.

**진대법: 빈민 구제를 위해 실시한 제도로, 춘궁기(지난해 가을 수확한 식량이 모두 떨어지고 하곡인 보리가 여물지 않은 음력 4~5월의 식량 사정이 매우 어려운 고비)에 가난한 백성에게 국가의 곡식을 빌려주었다가 추수 때 돌려받았다. 이 제도는 훗날 고려의 의창, 조선의 환곡으로 이어졌다.

***낙랑군: 중국의 한이 고조선을 멸망시키고 고조선의 옛 영토에 설치한 행정조직 중 하나이다.

[3SR2E 연습 1] - 자세히 보아야 보인다

읽은 횟수	1회(이해하며 읽기)	천천히 읽은 시간	분	초
(해당하는 횟수에 ○표)	2회(밑줄 그으며 읽기)		분	초
	3회(무엇을 가르칠까?)		분	초

본문 내용을 생각하면서 최대한 기억해서 적어보세요. 자세히 기록할수록 좋습니다.

* 내용을 다 쓴 다음에는 본문을 보고 빠진 부분을 보충하거나 틀린 부분을 수정하세요. 그런 다음 내용을 다른 사람(또는 자신)에게 설명해보세요(2E-2번째 표현하기).

2. 백제의 성립과 성장

백제(百濟)는 고구려의 시조 주몽의 아들로 알려진 비류와 온조가 부여와 고구려계 유이민(일정한 거처 없이 떠돌아다니는 백성이나 타국에 정착하기 위해 이주하는 사람) 세력과 남하하여 한강 유역의 토착 세력과 연합하여 건국하였다(기원전 18).

온조가 이끄는 무리는 위례성에 도읍을 정하고 백제를 세웠다. 온조 집단은 한강 유역에 먼저 자리를 잡고 있던 토착 집단을 흡수하는 한편, 비류와 이주민이 세운 미추홀(인천)의 세력을 흡수하여 토대를 넓혀나갔다.

백제의 주 무대인 한강 유역은 농경에 유리하고 육로와 바닷길이 편리하여 교통의 중심지였던 까닭에 다른 나라와 교류 및 외래 문물을 받아들이기도 수월하였다. 백제는 이러한 지리적 이점을 적극 활용하여 세력을 키워나갔다.

백제는 3세기 후반 고이왕 때 크게 성장하였다. 고이왕은 좌평을 비롯한 고위 관직을 두어 국정(國政, 나라의 정치, 나라를 다스리고 운영하는 행위)을 나누어 맡게 하고, 관리의 등급에 따라 관복의 색깔을 달리 정하는 등 통치 체제를 정비하여 중앙 집권 체제의 기틀을 마련하였다. 또한, 마한(馬韓)을 주도하던 목지국*을 병합하여 충청도 일대까지 백제의 영역을 넓혔다.

백제는 4세기 근초고왕 때에 이르러 전성기를 맞이하였다. 근초고왕은 남쪽으로 세력을 집중하여 마한 지역의 대부분을 정복하고 남해안까지 진출하였다. 북쪽으로는 백제를 압박하는 고구려를 공격하여 남하를 저지하고 황해도 일부 지역을 차지하였다. 그리고 가야 지역으로 진출하여 영향력을 행사하였다. 백제는 서남해를 잇는 해상 교역로를 확보하고 동진(東晉)과 외교 관계를 맺어 새로운 문물을 받아들였으며, 왜, 가야와 활발하게 교류하여 고구려와 신라를 견제(한쪽어 지나치게 세력을 펴거나 자유로운 행동을 하는 것을 못하게 억누름)하였고 한반도에서의 주도권을 쥘 수 있었다. 그 뒤 침류왕은 중국의 동진에서 불교를 받아들여 중앙 집권 체제를 사상적으로 뒷받침하였다.

백제는 왕족인 부여씨(扶餘氏)와 여러 귀족 세력이 연합하여 정치를 주도하였다. 백제는 회의체를 운영하여 왕과 귀족들이 함께 재상을 선출하고 나라의 중요한 일을 논의하였다.

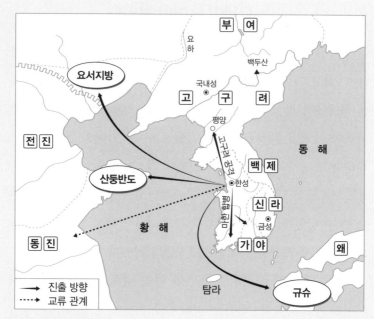

백제의 전성기(4세기)

*목지국: 삼한 중 하나인 마한을 이끌던 나라로 목지국의 군장을 진왕이라 높여 부를 정도로 세력이 컸다. 그러나 고대 국가 단계까지는 발전하지 못했다. 후에 백제의 고이왕에게 병합되었다.

[3SR2E 연습 2] – 자세히 보아야 보인다

읽은 횟수 (해당하는 횟수에 ○표)	1회(이해하며 읽기)	천천히 읽은 시간	분	초
	2회(밑줄 그으며 읽기)		분	초
	3회(무엇을 가르칠까?)		분	초

본문 내용을 생각하면서 최대한 기억해서 적어보세요. 자세히 기록할수록 좋습니다.

* 내용을 쓴 다음에는 교과서(자습서)를 보고 빠진 부분을 보충해서 적어 넣으세요.
  그런 다음 내용을 다른 사람에게 설명해보세요.

3. 신라의 성립과 성장

신라(新羅)는 삼한 중 진한(辰韓)의 한 소국인 사로국(斯盧國)에서 시작하였다(기원전 57). 신라는 박혁거세로 대표되는 유이민 세력과 경주 지역의 토착 세력이 결합하여 세운 나라이다. 신라는 한반도의 동남쪽에 위치하여 불리한 지리적 여건으로 인해 선진 문화를 받아들이기 곤란하였다. 따라서 고구려나 백제와 비교하여 국가 발전이 늦었다. 하지만 3세기 후반 낙동강 중상류 지역의 소국들을 차례로 병합시키며 진한의 맹주(동맹을 맺은 개인이나 단체의 우두머리)로 발돋움하였다.

신라 초기에는 왕권이 확립되지 못하여 박·석·김 3성의 유력자가 돌아가며 왕위에 올랐다.

3대 유리왕 때부터는 '이사금'이라는 왕호*를 사용하였는데, 여러 성씨 집단을 아우르는 연맹의 대표자라는 의미였다. 유리왕 이전에는 거서간, 차차웅 등이 왕호로 쓰였는데, 거서간은 수장, 차차웅은 제사장을 일컫는다.

이사금 시기에는 세력이 비슷한 세 성씨가 연합하여 나라의 정치를 이끌어갔다. 이사금 시기에 신라의 영역은 더욱 확장되었다. 4세기 중엽에는 소백산맥 일대의 진한 소국들까지 대부분 신라에 복속되었다.

4세기 후반 내물왕 때에는 왕권이 더욱 성장하여 김씨의 왕위 세습을 확립하였으며, 왕의 칭호도 '마립간'으로 바꾸었다. 마립간은 수장을 일컫는 '간' 중의 최고의 간이라는 의미로 대군장을 뜻한다. 신라는 내물왕 때에 이르러 중앙 집권 체제를 갖추기 시작하였다.

한편 이 무렵 신라는 고구려 광개토대왕의 도움으로 왜의 침입을 물리쳤다(400). 왜는 진귀한 물품을 빼앗기 위해 신라를 자주 침략하였는데, 신라는 왜군을 방어할 힘이 부족하였다. 부득이 내물왕은 고구려에 구원을 요청했고 고구려는 보병과 기병 5만을 보내 신라를 도와주었다. 고구려의 도움으로 왜를 물리치자 신라는 고구려의 정치적 영향력 아래 놓이게 되었다.

고구려 전성기와 신라의 영역 축소, 5세기

*신라의 왕호 변천: 신라의 왕권이 성장하면서 그에 맞는 왕의 칭호로 바뀌었다.
거서간 → 차차웅 → 이사금 → 마립간

[3SR2E 연습 3] – 자세히 보아야 보인다

읽은 횟수 (해당하는 횟수에 ○표)	1회(이해하며 읽기)	천천히 읽은 시간	분	초
	2회(밑줄 그으며 읽기)		분	초
	3회(무엇을 가르칠까?)		분	초

본문 내용을 생각하면서 최대한 기억해서 적어보세요. 자세히 기록할수록 좋습니다.

* 내용을 쓴 다음에는 교과서(자습서)를 보고 빠진 부분을 보충해서 적어 넣으세요.
그런 다음 내용을 다른 사람에게 설명해보세요.

4. 조선 전기의 학문과 예술

조선 전기에는 고려 시대에 발명한 금속 활자를 더욱 발전시켰다. 이에 따라 다양한 분야에서 서적 편찬(여러 가지 자료를 모아 체계적으로 정리하여 책을 만듦)이 활발하였다.

국가에서 가장 큰 관심을 보인 것은 역사책의 편찬이었다. 조선 건국의 정당성과 유교적 통치 이념을 강조하는 한편 나라의 제도와 문물을 정비하기 위해 중시되었다. 이전 왕조인 고려의 역사를 정리한 '고려사', '고려사절요'를 편찬하였고, 고조선부터 고려 말까지의 역사를 정리한 '동국통감'이 간행되었다. 새로 즉위한 왕은 이전 왕의 통치 기록을 정리하여 '조선왕조실록'을 편찬하였는데, 이 책의 편찬은 조선 말까지 지속되었다. 더불어 통치에 필요한 법전인 '경국대전'이 성종 때 편찬되어 성문법 체제를 갖춘 유교적 법치 국가의 토대가 마련되었다.

또한 국가 행사에 필요한 절차를 유교적 예법에 맞추어 정리한 '국조오례의'*를 간행하였으며, 유교 윤리를 백성에게 보급하기 위해 효자, 충신, 열녀의 이야기를 담은 '삼강행실도'를 편찬하였다.

국방력 강화와 나라를 다스리는 데 필요한 지리 정보를 얻기 위해 지도와 지리서를 편찬하였다. 태종 때에는 세계 지도인 '혼일강리역대국지도'를, 세종 때에는 전국지도인 '팔도도'를 만들었다. 성종 때에는 '동국여지승람'을 편찬하여 각 지역의 변천, 산천, 토지, 교통, 인물 등의 내용을 담았다.

한편, 국산 약재를 바탕으로 질병 치료를 연구한 '향약집성방'과 우리의 실정에 맞는 농사법을 소개한 '농사직설'을 편찬하여 백성들의 삶의 질을 향상하고자 하였다.

　조선 초에는 청자에 흰 흙을 분처럼 칠한 분청사기와 백자(도자기의 한 부류로서, 백색을 띤 도자기를 뜻한다)가 함께 유행하다가, 16세기 이후에는 백자가 주로 사용되었다. 백자는 검소함을 중시하던 선비의 취향에 맞게 고상한 분위기를 풍겨 조선 시대를 대표하는 도자기가 되었다.

　지배 계층인 양반은 선비다운 기품을 갖추기 위해 예술에도 관심을 쏟으면서 문인화(文人畫, 전문적인 직업 화가가 아닌 시인, 학자 등의 사대부 계층 사람들이 취미로 그린 그림)와 산수화를 많이 그렸다. 안견은 '몽유도원도'**에서 선비의 자연스러운 현실 세계와 환상적인 이상 세계를 조화롭게 묘사하였으며, 강희안은 '고사관수도'***에서 선비의 내면세계를 표현하였다.

---

*국조오례의: 제례, 왕실, 혼례, 군대 의식, 사신 접대 의식, 상례 등 국가와 왕실에서 치러지는 의식을 규정하였다.
**몽유도원도: 안평대군이 꿈에서 본 이상 세계의 모습을 도화서 화원인 안견을 시켜 그린 것이다.
***고사관수도: 강희안이 흐르는 물을 바라보며 명상에 잠긴 선비의 모습을 그린 작품이다.

[3SR2E 연습 4] - 자세히 보아야 보인다

읽은 횟수	1회(이해하며 읽기)	천천히 읽은 시간	분	초
(해당하는 횟수에 ○표)	2회(밑줄 그으며 읽기)		분	초
	3회(무엇을 가르칠까?)		분	초

본문 내용을 생각하면서 최대한 기억해서 적어보세요. 자세히 기록할수록 좋습니다.

* 내용을 쓴 다음에는 교과서(자습서)를 보고 빠진 부분을 보충해서 적어 넣으세요.
  그런 다음 내용을 다른 사람에게 설명해보세요.

5. 조선 후기의 과학 기술 발달

병자호란이 끝나고 조선은 청에 연행사*를 파견하였다. 연행사는 청에 조공을 바치고 답례품을 받아서 왔다. 조선은 청에 정기적, 비정기적으로 사신을 보냈는데 이 과정에서 조선과 청 사이에 많은 인적, 물적 교류가 이루어졌다.

당시 청에는 명 말기부터 들어오기 시작한 예수회 선교사들에 의해 서양 학문인 천문학, 지리학, 포술(대포를 다루는 기술) 등이 퍼지고 있었다. 명 말에 중국에 온 마테오 리치는 '천주실의'**와 '곤여만국전도'를 제작하여 중국인의 세계관을 넓혀주었으며, 청대(淸代)에는 아담 샬이 새로운 역법(천체의 움직임을 살펴 시간과 날짜를 구분하는 방법)을, 카스틸리오네가 서양식 화법(그림을 그리는 방법)을 전파하여 청의 과학과 문화에 큰 영향을 주었다.

16세기 조선은 성리학이 사회 이념으로 정착되면서 과학 기술을 잡학으로 분류하여 천시하였으나 17세기 이후 경제가 발전하면서 과학 기술에 대한 관심이 다시 생겨났다.

조선 후기에는 주로 중국을 통하여 서양 과학 기술을 수용하였다. 그 가운데에서도 특히 천문과 역학(천체의 운동을 관측하여 해와 달의 운행과 절기에 관한 연구를 하는 학문)은 집중적인 관심 대상이 되었다. 서양인들이 일식과 월식을 정확하게 예측하는 것을 알게 된 조선인들은 청으로부터 서양식 역법인 시헌력***을 도입하였다.

또한 곤여만국전도 같은 세계 지도가 조선에 유입되어, 지구는 네모나고 평평하며 그 중심에 중국이 위치해 있다고 믿어왔던 조선인들은 큰 충격을 받았다. 이러한 서양 지도와 과학 기술은 조선 지식인들이 중국 중심의 세계관을 벗어나, 새로운 세계관과 우주관을 가지는 데 큰 영향을 미쳤다. 실학자 홍대용은 지구가 자전한다는 사실을 논리적으로 설명하였으며 중국 중심의 세계관을 비판하였다. 그 밖에 과학 서적, 자명종, 천리경과 같은 서양 물품도 전해졌고, 서양의 원근법(遠近法, 일정한 시점에서 본 물체와 공간을 눈으로 보는 것과 같이 멀고 가까움을 느낄 수 있도록 평면 위에 표현하는 방법)이 도입되면서 미술 분야에도 영향을 끼쳤다.

*연행사: 조선 후기 청의 수도인 연경(베이징)에 파견한 사신을 말한다. 대체로 청 황제의 생일, 동지, 정월 초하루에 맞춰 파견하였고, 19세기 말까지 총 500여 회에 걸쳐 파견되었다.

**천주실의: 마테오 리치가 지은 천주교 교리서이다. 조선에도 전래되어 포교에 널리 활용되었다. 제목은 '하느님에 대한 참된 토론'이라는 뜻이다.

***시헌력: 태음력에 태양력의 원리를 적용하여 24절기의 시각과 하루의 시각을 정밀하게 계산하여 만든 역법. 서양 신부 아담 샬 등이 편찬하여 청과 우리나라 등에서 사용되었다.

[3SR2E 연습 5] – 자세히 보아야 보인다

읽은 횟수 (해당하는 횟수에 ○표)	1회(이해하며 읽기)	천천히 읽은 시간	분	초
	2회(밑줄 그으며 읽기)		분	초
	3회(무엇을 가르칠까?)		분	초

본문 내용을 생각하면서 최대한 기억해서 적어보세요. 자세히 기록할수록 좋습니다.

* 내용을 쓴 다음에는 교과서(자습서)를 보고 빠진 부분을 보충해서 적어 넣으세요. 그런 다음 내용을 다른 사람에게 설명해보세요.

STEP 4 고등 통합 사회

1. 인간과 자연의 관계

  인간이 자연을 어떻게 바라보고 어떠한 관계를 맺느냐에 따라 인간의 삶은 다양한 모습으로 바뀌게 된다. 자연을 바라보는 인간의 관점에는 대표적으로 자연을 인간을 위한 도구로 보는 '인간 중심주의'와 인간을 자연의 일부라고 생각하는 '생태 중심주의'가 있다.

인간 중심주의

  인간 중심주의는 자연이 인간에게 도움과 혜택을 줄 때에만 가치를 지닌다고 보는 관점이다. 인간을 가장 가치 있는 존재로 여기고, 인간과 자연의 관계에서 인간의 이익과 행복을 우선 고려한다. 따라서 자연의 가치도 인간의 이익에 따라 평가하게 된다. 자연의 도구적·수단적 가치만을 인정하기 때문에 인간이 자연을 정복하는 것을 당연시한다.

  인간 중심주의 관점은 인간과 자연을 분리하여 바라보는 이분법적 세계관*을 기반으로 한다. 이분법적 관점에 따르면 인간은 자연의 부분이 아닌 자연으로부터 독립된, 나아가 자연보다 우월한 존재가 된다.

  인간 중심주의는 자연을 개발과 극복의 대상으로 바라보고 적극적으로 노력한 결과 경제적 풍요로움을 가져다주었다. 하지만 지나친 개발 경쟁은 자원 고갈과 환경 파괴 등의 문제를 발생하게 하였고 이로 인해 결국 인간에게 피해가 되돌아오게 되었다. 인간 중심주의 관점에서도 환경 문제를 심각하게 생각하지만, 이는 기술 개발로 해결할 수 있다고 본다.

생태 중심주의

생태 중심주의는 모든 생명체가 자연의 일부이며, 인간도 자연으로부터 독립된 존재가 아니라 자연을 구성하는 일부라고 본다. 인간과 자연의 관계에서 인간의 이익보다는 인간을 포함한 자연 전체의 균형과 안정을 고려하는 것이다.

자연의 가치는 인간에게 얼마나 이익이 되는가 하는 기준에서 평가해서는 안 되며, 자연의 모든 것은 존재 이유가 있으므로 그 자체로 가치를 존중해야 한다는 것이다.

생태 중심주의는 인간을 포함한 자연 전체를 하나로 보는 전일적 관점을 취하고 있다. 전일론적 관점에서는 인간은 동물, 식물, 환경 등과 유기적으로 엮여 있는 생태계의 구성원이기 때문에 자연과 독립적으로 존재할 수 없다.

따라서 인간은 생태계의 안정을 추구할 의무가 있고, 자연을 인간의 필요와 이익에 따라 이용해서는 안 된다. 즉 생태 중심주의에서는 인간과 자연의 공존을 강조하고, 인간은 자연과 함께 조화를 이루며 살아야 하는 존재로 본다. 오늘날의 환경 문제를 해결하기 위해서는 자연을 도구로 여기고 지배하려는 생각에서 벗어나야 한다고 강조하고 있다.

한편 극단적인 생태 중심주의 자연관은 생태계를 보호하기 위해 자연에 대한 인간의 어떤 개입도 허용하지 않는 입장이어서 비현실적이라는 비판을 받기도 한다.

인간과 자연의 바람직한 관계

인간과 자연은 서로 대립하거나 어느 한쪽이 지배적인 우위를 가지는 관계가 아니라 공존해야 하는 관계이나. 따라서 인간과 자연이 조화를 이루는 생태학적 사고와 가치가 확대되고 있다.

영국의 경제학자 슈마허는 1973년에 발표한 자신의 책 《작은 것이 아름답다》에서 대량 생산과 대량 소비로 자연이 수용할 수 있는 한계를 넘어선 인간의 무한한 욕망을 성찰하고, 인간과 자연이 공존하는 경제로 나아갈 것을 주장하였다. 그는 인간을 자연계의 한 부분으로 인식하고 생태학에 기초한 삶을 구축할 것을 강조하였다. 이를 위해 '절제 없는 생산과 소비가 미덕인 사회'에서 '절제와 소비가 미덕인 사회'로의 전환을 실천 대안으로 제시하였다.

앞으로 우리는 자연을 정복하고 지배해야 한다는 사고방식을 반성하고 생태계의 한 구성원으로서 자연과 더불어 살아가기 위해 인간이 해야 할 역할과 책임이 있다는 것을 인식하고, 동식물을 포함한 생태계 전체의 보전까지도 함께 고려해야 한다.

*이분법적 세계관: 데카르트나 베이컨 등은 모든 존재를 정신과 물질로 구분하였다. 이러한 이분법적 세계관에 따르면 자연은 정신 혹은 영혼이 없는 단순한 물질로, 하나의 기계에 불과하기 때문에 인간이 마음대로 이용하고 지배할 수 있는 대상이 된다.

[5SR2E 연습 1] - 자세히 보아야 보인다

읽은 횟수 (해당하는 횟수에 ○표)	1회(이해하며 읽기)	천천히 읽은 시간	분	초
	2회(밑줄 그으며 읽기)		분	초
	3회(무엇을 가르칠까?)		분	초
	4회(시험문제는?)		분	초
	5회(기억하며 읽기)		분	초

책을 덮고 읽은 내용을 천천히 생각하면서 최대한 기억해서 적어보세요. 자세히 기록할수록 좋습니다.

* 내용을 쓴 다음에는 교과서(자습서)를 보고 빠진 부분을 보충해서 적어 넣으세요.
  그런 다음 내용을 다른 사람에게 설명해보세요.

2. 인권의 확립 과정

인권의 의미와 특징

사람은 누구나 인간의 존엄성을 보장받으며 인간다운 삶을 누릴 권리가 있다. 인간이라면 누구나 누릴 수 있는 기본적인 권리를 인권이라고 한다. 세계 인권 선언 전문에는 "인류 구성원 모두가 원래부터 존엄성과 동등하고 남에게 양도할 수 없는 권리를 가지고 있다는 점을 인정하는 것이 자유롭고 정의로우며 평화로운 세상을 이루는 밑바탕이 된다."라고 밝히고 있다.

즉 인권은 인간이 태어나면서부터 가지는 천부적 권리이며, 국가의 법이나 일정한 문서로 보장되기 이전에 자연적으로 주어진 권리이다. 또한 남에게 양도할 수 없으며 일정 기간에만 한정되는 것이 아니라 영구히 보장된다는 점에서 항구성을 지닌다. 따라서 인권은 국가나 다른 사람이 함부로 침해할 수 없으며, 인간이라면 누구나 동등하게 누릴 수 있는 권리이다.

오늘날에는 모든 사람이 피부색, 국적, 성별, 종교, 언어 등과 관계없이 자유롭고 평등하며 인간답게 살 권리가 있다는 생각이 일반화되어 있다. 그렇지만 모든 사람이 인권을 누려야 한다는 생각이 옛날부터 당연하게 여겨졌던 것은 아니다. 과거 흑인이나 여성 등은 다른 시민들과 동등한 권리를 보장받지 못하고 부당한 대우를 받았다. 역사적으로 인권의 확장을 위한 끊임없는 저항과 투쟁이 이어졌고, 그 결과 인권은 일부 시민의 권리가 아닌 모든 사회 구성원의 권리로 자리 잡게 되었다.

인권 발전의 역사

근대 이전에는 왕과 귀족, 성직자 등이 권력을 독점하였고 대다수 사람은 엄격한 신분 제도에 가로막혀 억압과 차별을 받아야 했다. 사람들은 점차 불평등과 비인간적 대우에 불만을 갖기 시작하였는데, 특히 상공업의 발달 과정에서 성장한 시민 계급은 지배 계급이 누려왔던 권리를 다른 사람도 누려야 한다고 생각하였다.

근대에 접어들어 천부인권* 사상이 확산하면서 영국에서는 명예혁명으로 권리장전**이 승인되며 시민의 자유와 권리가 확대되었다. 17세기 이후 계몽사상과 사회 계약설 등을 배경으로 18세기 후반 미국과 프랑스에서도 시민혁명이 일어났다. 그 결과 모든 인간은 태어날 때부터 자유롭고 평등하다는 기본적 권리가 미국 독립 선언***과 프랑스 인권 선언****에 명시되었다.

그런데 시민혁명 이후에도 모든 사람이 자유롭게 평등한 대우를 받은 것은 아니었다. 직업, 재산, 성별 등에 따라 선거권이 제한되어 참정권을 제대로 행사할 수 없는 사람들이 대다수였다. 시민혁명 이후에도 참정권을 보장받지 못한 노동자, 농민, 여성들은 참정권 확대 운동을 전개하였다. 영국의 차티스트 운동*****, 여성 참정권 운동 등이 끊임없이 이어졌고, 그 결과 참정권은 20세기에 보편적 인권으로 자리 잡았다.

시민혁명과 함께 산업 혁명이 진행되면서 자본주의가 급격하게 발전하였다. 그러나 노동자들은 열악한 노동 조건과 낮은 임금에 시달려야 했다. 그뿐만 아니라 주택 부족, 실업 등이 노동자들의 생존을 위협하기도 하였다. 그리하여 시민들은 국가가 적극적으로 나서서 사회 구성원의 기본적인 생존을 보장해달라고 요구했다. 이후 20세기 초반 독일 바이마르 헌법******에 처음으로 국가가 모든 국민의 인간다운 생활을 보장한다는 내용이 명시되었다. 이후 노동의 권리, 교육을 받을 권리, 쾌적한 환경에서 살 권리 등 '사회권'을 규정한 헌법이 세계 각국에서 제정되었다.

제1차, 제2차 세계 대전을 겪으며 인간의 생명이 짓밟히고 자유와 평화가 억압받는 경험을 한 세계 각국은 인권을 억압하는 국가가 인류의 평화와 번영을 위협할 수 있다는 사실을 깨달았다. 이에 1948년 국제연합(UN) 총회에서 세계 인권 선언을 채택하여 인류가 당연히 누려야 할 권리를 규정하며, 인권 보장의 국제 기준을 제시하였다. 이후 각국은 세계 인권 선언을 토대로 인권 보장을 헌법에 명시하는 등 인권 신장을 위해 노력해왔다. 이처럼 오늘날 우리가 누리는 인권은 저절로 주어진 것이 아니라 많은 사람이 인권의 내용과 범위를 확장하려고 애쓰고 노력하여 이뤄낸 역사적 산물이다.

*천부인권: 인간이 태어날 때부터 가지는 불가침의 권리를 말한다. 천부인권은 17
~18세기 영국 · 미국 · 프랑스 시민혁명의 사상적 지도이념이 되었다.

**영국의 권리 장전(1689년): 의회의 동의 없는 과세 금지, 의원 선거의 자유를 보
장한 선언이었다.

***미국 독립 선언(1776년): 영국의 식민지 상태에서 벗어나 대내외적으로 독립을
선포한 선언이었다.

****프랑스 인권 선언(1789년): 프랑스 혁명이 진행되고 있던 1789년 8월 26일,
국민의회가 국민으로서 누려야 할 권리에 대해 〈인간과 시민의 권리 선언〉이라는
명칭으로 선포한 선언이다.

*****차티스트 운동(1838년): 영국의 노동자들이 선거권의 확대, 무기명 투표 등을
요구한 사회 운동이었다.

******독일 바이마르 헌법(1919년): 크게 국가의 구조와 과제, 독일인의 기본 권리
와 의무로 구성되어 있다. 역사상 처음으로 사회권을 문서로 밝혔다.

[5SR2E 연습 2] - 자세히 보아야 보인다

읽은 횟수 (해당하는 횟수에 ○표)	1회(이해하며 읽기)	천천히 읽은 시간	분	초
	2회(밑줄 그으며 읽기)		분	초
	3회(무엇을 가르칠까?)		분	초
	4회(시험문제는?)		분	초
	5회(기억하며 읽기)		분	초

책을 덮고 읽은 내용을 천천히 생각하면서 최대한 기억해서 적어보세요. 자세히 기록할수록 좋습니다.

* 내용을 쓴 다음에는 교과서(자습서)를 보고 빠진 부분을 보충해서 적어 넣으세요. 그런 다음 내용을 다른 사람에게 설명해보세요.

3. 자본주의 전개 과정과 특징

산업 혁명과 자본주의

자본주의란 사유재산 제도를 바탕으로 시장에서의 자유로운 경쟁을 통해 상품의 생산과 교환, 분배 및 소비가 이루어지는 경제 체제를 말한다.

자본주의는 16세기 유럽에서 태동하여 중세 봉건 사회의 붕괴 및 시민 사회의 형성과 18세기 영국을 중심으로 일어난 산업 혁명을 거쳐 성립되었다. 18세기 중반 애덤 스미스*는 국가의 부는 자유롭게 경제 활동을 하며 사익을 추구하는 과정에서 증가하게 된다고 주장하였다. 그는 '국부론'에서 시장의 작동 원리를 '보이지 않는 손'**에 비유하면서 개인이 사익을 추구하는 과정에서 자연스럽게 효율적인 자원 배분이 이루어진다고 주장하였다. 개인의 자유를 최대한 보장하려는 경제사상을 자유방임주의라 하는데, 자본주의 경제 체제를 확립하는 사상적 기초가 된다.

산업 혁명으로 사회의 생산력은 비약적으로 향상되었다. 농업 사회는 공업 사회로 변모하였으며, 도시가 발달하고 인구가 늘어났다. 농업 인구는 줄고 노동자 집단이 생기고, 신흥 산업 자본가층이 사회의 주도적인 세력으로 부상하였다. 그리하여 사유 재산권을 바탕으로 개별경제 주체가 자유로운 계약에 따라 경제 활동을 수행하는 자본주의 시장 경제가 확립되었다.

대공황 이후의 자본주의

19세기 후반에 이르러 소비자의 구매력 하락과 과잉 생산에 의한 과도한 경쟁으로 다수의 산업 자본이 몰락하고 소수의 대자본에 의한 독과점이 강화되었다. 경제 활동의 순환이 어려워지고 자원이 효율적으로 분배되지 못하여 시장의 기능이 제대로 작동하지 못하게 되었다. 결국 1929년 미국에서 대공황***이 발생하면서 자본주의는 큰 위기를 맞았다. 대공황의 영향으로 기업 도산과 대량 실직 등 심각한 문제가 발생하자, 국가가 적극적으로 시장에 개입하여 문제를 해결해야 한다는 케인스****의 수정 자본주의 이론이 힘을 얻게 되었다.

1933년 집권한 미국의 루즈벨트 대통령은 뉴딜 정책을 실시하여 실업자를 구제하고, 노동자와 농민의 소득 향상을 통해 유효 수요를 창출하였다. 그는 소비가 살아나지 않으면 기업이 투자를 할 수 없고 고용도 늘어나지 않는다고 판단했다. 그래서 정부가 직접 일자리를 창출하고 소비를 증진해야 한다는 케인스의 주장을 받아들였다. 미국 정부는 재기 가능한 은행에 자금을 빌려주어 파산을 막고, 농산물 가격 하락 방지를 위해 농민에게 자금을 원조하였다. 또한, 대규모 공공사업을 추진하여 실업자에게 일자리를 제공하였다. 그 결과 1년 동안 산업 생산량이 50%나 증가하는 등 경기 회복이 빠르게 진행되었다. 이 과정에서 노동자의 권리가 신장되고, 사회 보장 제도가 확충되었으며, 정부가 중요한 경제 주체로 등장하기 시작하였다.

대공황을 계기로 대부분의 국가에서 자본주의 운영 방식에 변화가 이루어졌다. 개인의 경제 활동에 정부가 적극적으로 개입하면서 국민 경제 중 정부가 규제하고 관리하는 공공 부문이 확대되었다. 정부가 시장에 일정 부분 개입하는 것을 허용한 것이다. 이를 계기로 산업 혁명 이후의 자본주의는 정부가 개입하는 수정 자본주의로 변모하였고, 국민 경제는 민간 부문의 시장 경제와 공공 부문의 계획 경제가 공존하는 혼합 경제가 되었다.

석유 파동(1970년대) 이후의 자본주의

1970년대에는 석유 파동으로 인한 극심한 경기 침체와 물가 상승이 동시에 나타나면서 세계 경제가 위기에 빠졌다. 석유는 제2차 세계 대전 이후 가장 중요한 에너지 자원이 되었다. 그런데 자원의 희소성과 지역적 편재(偏在, 한곳에 치우쳐 있음)의 상황에서 세계 석유 생산과 수출의 핵심 지역인 서남아시아에서 발생한 정치적 분쟁으로 인해 석유 가격이 폭등하였다. 석유 파동은 1973~1974년, 1978~1980년 두 차례에 걸친 석유 공급 부족과 석유 가격의 폭등으로 스태그플레이션*****이 발생하는 등 전 세계 경제가 큰 혼란과 어려움을 겪은 사건을 말한다.

그런데 이러한 위기를 정부의 개입으로 해결할 수 없게 되자, 정부의 지나친 시장 개입을 비판하고 시장 원리에 맡겨 해결하는 것이 최선이라는 '신자유주의'가 지지를 받기 시작하였다. 신자유주의는 민간의 자유로운 경제 활동을 옹호하며 정부 역할을 축소하여 '작은 정부'로 돌아갈 것을 주장한다. 1980년대 미국과 영국에서 신자유주의에 근거하여 기업에 대한 세금 감면 등 규제 완화, 공기업 민영화(民營化, 관에서 운영하던 기업 따위를 민간인이 경영하게 함), 노동 시장의 유연성****** 강화, 복지 축소 등을 실시하였다. 그 결과 시장의 효율성은 높아졌지만 빈부 격차는 크게 확대되었다. 신자유주의는 세계화와 자유무역 확대에 기여하였으나 자본의 독점과 국제적 이동이 심화하면서 시장 불안 위험이 커져 경제 위기를 초래할 위험이 크다는 비판이 꾸준히 제기되고 있다. 따라서 오늘날까지도 신자유주의에 대한 찬반 입장이 맞서고 있다.

*애덤 스미스(Smith, A., 1723~1790): 각 개인이 자신의 이익을 추구할 때 시장의 가격 기능에 의해 사회가 조화를 이루며 발전한다고 주장하였다. "우리가 매일 식사를 마련할 수 있는 것은 푸줏간 주인과 양조장 주인, 그리고 빵집 주인의 자비심 때문이 아니라, 그들이 자신의 이익, 즉 돈벌이에 관심이 있기 때문이다."

**보이지 않는 손: 누군가 의도하거나 계획하지 않더라도 자원의 배분이 효율적으로 이루어지도록 하는 시장의 기능을 가리키는 말이다.

***대공황: 대공황은 1929년 미국을 중심으로 발생한 세계적인 경제 공황을 이른다. 1920년대 후반부터 1930년대까지 세계를 강타한 경제 침체 현상이었으며 금융 시장의 혼란과 대규모 실직 사태가 일어나 당시 서구 자본주의 사회 체계를 뒤흔든 사건으로 평가된다.

****케인스(Keynes, J. M., 1883~1946): 시장 기능의 한계를 지적하며 정부 역할의 필요성을 강조하였고, 그의 주장을 받아들여 미국의 뉴딜 정책이 실시되었다. "정부 기능의 확대는 자유방임에 대한 침해가 아니다. 나는 그것이 자본주의의 붕괴를 막는 유일한 수단이라는 점에서 지지한다."

*****스태그플레이션: 침체(stagnation)와 인플레이션(inflation)의 합성어로 경기 침체와 물가 상승이 동시에 발생하는 현상을 말한다.

******노동 유연성: 급변하는 외부 환경에 따라 인적 자원을 얼마나 신속하게 효율적으로 배분 또는 재배분할 수 있느냐 하는 정도를 의미한다. 노동 유연성이 높다는 것은 기업이 잉여 인력을 쉽게 해고할 수 있다는 의미다.

[5SR2E 연습 3] – 자세히 보아야 보인다

읽은 횟수 (해당하는 횟수에 ○표)	1회(이해하며 읽기)	천천히 읽은 시간	분	초
	2회(밑줄 그으며 읽기)		분	초
	3회(무엇을 가르칠까?)		분	초
	4회(시험문제는?)		분	초
	5회(기억하며 읽기)		분	초

책을 덮고 읽은 내용을 천천히 생각하면서 최대한 기억해서 적어보세요. 자세히 기록할수록 좋습니다.

* 내용을 쓴 다음에는 교과서(자습서)를 보고 빠진 부분을 보충해서 적어 넣으세요. 그런 다음 내용을 다른 사람에게 설명해보세요.